自序

拙作「康莊紀事」於去年（九十三）出版後，收到不少朋友的來信，還有的寫了詩以及讀後感，使我非常的感動和欣慰，欣慰的是我們這些小人物出本書，寫寫自己的一些故事，雖然沒有像大人物或名人那樣煞有介事的舉辦什麼新書發表會，但一樣的也會獲得朋友的回響和鼓掌；感動的倒不是朋友們稱讚這本書寫得如何好，編的多麼美，因為我知道朋友們給予鼓勵的話，一定是不會吝嗇的。而真正感動的則是在這個大家都不看書的年代，能夠耐著性子，把這本書看完，只憑這份耐心、關心和愛心，就非常值得我深深感謝了，何況還有的朋友絞盡腦汁與苦心的寫信、寫詩、寫文章：吳麟趾、賈炎武二兄還為我重新校勘一遍，找出了不少的錯字，單以這些朋友們所流露的情誼，就很難用言語或筆墨可以表達感謝之意了，至於有的朋友像書法大家任漢平教授、名畫家舒曾祉、藝文工作者吳世亨兄等，以及我的外甥女兒石玲小姐，寫信或親口告訴我，他們在看本書一些篇章時，是含著眼淚看完的，廖靜涓學妹也說這本「康莊紀事」寫得真，讓人感動，更是使我感到難以承受，這或許說明我的一些艱辛的人生過程，同樣的也正是大家所經歷的境遇或感受，只是我先把它寫出來而已。

如按著我六十歲時所訂每五年出一本書或一本畫集來說，這本「康莊瑣記」應該到民國九十八年，我年屆八十歲時才會出版，或許有人想問為何提前了四年？這一點可請你別誤會我對自己活到八十歲沒有信心，才急著提前把它印出來，對人生我從沒有未戰先衰的想法，你必須給我肯定。而另一個原因，我年屆八十歲時，還有更重要的作品呈獻給朋友，包括為定敏出一本像樣的書法集，在此先行預告。

實在是這些年來，無論我舉辦畫展、出本書或出版一本畫集，都曾受到許多朋友的關愛勉勵，朋友們為我所寫的詩文、序文、評介或對我的一些過譽，都時時刻刻在鼓舞著我、鞭策著我，使我有無比的振奮，覺得除了力求努力，不負所望，另一方面，一天不把這些詩文整理印出來，就無法安心，就感到無法對愛護我的朋友們給予一個圓滿的交待，儘管朋友們用心血、用情感、用筆和墨所寫的這些詩文，有些是向我臉上塗粉，增加一點顏色，令我汗顏慚愧。

其次就是我自己這些年來，也為一些回憶和所寫的一些文字，雖然不怎麼有價值，可是偶爾拿出來看看，覺得還值得自我回味與留念，但一直沒有機會把它印出來，深怕日子一久而散失，再想寫就無能為力了。還有，我親眼所見、親耳所聞、甚至於曾經參與的一些非常有趣、值得大家一笑的真實故事，很想轉說給朋友們聽聽，與朋友們分享；最重要的，就是我所交往的一些先進、朋友們在藝術上的造詣，或在事業上創業的成功成名的奮鬥歷程，也深深覺得應該把它介紹出來，以作為青年朋友們之參考，要不，作為茶餘飯後之話題，給人啓發，也是非常有意義的。

再就是我舉辦畫展或出版書籍和畫集時，一些新聞媒體給予諸多的報導，也把它附印於後。因為近些年來由於粗俗演藝活動之充斥，一般純藝文之活動已很難上報，這頗為令人憂心，不僅純正藝術活動不再受重視，而且將是社會沉淪之徵兆。説到這裡，我不得不讚揚和感激美國舊金山之新聞界，一九九七年，我應邀於舊金山「亞洲．美洲藝術學會」發表繪畫心得之專題演講時，當地幾家大報：世界日報、星島日報、金山時報及中山報等，均多次以大篇幅之圖文予以報導，我與任何大報既沒有任何關係，也並未有所請托，我想他們絕不是捧我個人的場，而是重視藝術文化以及導正社會人文觀念、盡新聞媒體一份責任而所致。

我在「康莊紀事」之中，曾寫了在大時代變動之下，行經十多個行省及無數城市，所遭遇到一些血淚交融的經歷，有不少朋友頗有身同感受之感，他們要我多寫一些這類的情事，以作為對照和回味那時一幕一幕的情景，所以我把當年揮別大陸最後兩站時的景象寫出：一是「倉皇戰亂雲貴行」，敘述從貴州到雲南這段槍彈亂飛的險危路程；一是「從蒙自經三亞到台灣」的艱辛曲折經過，由這兩篇文章之內容，可看出在那最多變、最不可知、最難以預測種種複雜情況的時光裡，命運是多麼不可捉摸，可是儘管走的路是多麼崎嶇不平，而又是風緊雲變、雷雨交加，但終能一步一步的走過來了，挨餓、受凍、生命隨時面臨險危是必然的，但回頭再看看，彷若船過水無痕，一切都如過往雲煙，只有與許多朋友們交往溫馨的情節，以及朋友們為我所寫的這些詩、文，再細細回味咀嚼，還是覺得人生滿幸福、滿可愛的。

最後，這本「康莊瑣記」仍勞請好友名書畫家李轂摩兄為之題署，封面照片則是十多年前我去北京，由當時任中央電視台高級記者的外甥龐一農所拍攝，我原無意以自己的照片作封面，後來文史哲出版社發行人彭正雄先生認為這張照片拍得很好，作封面也很恰當，我就同意了。對他們的辛勞費神與好意，在此一併致謝。

中華民國九十四年二月於台北市

康莊瑣記 目錄

附錄二：文友評介及新聞報導

倉皇戰亂雲貴行

一

四十多年前，我去台南白河榮家訪問，榮家主任楊炳南先生熱誠的接待我，由於楊主任喜好藝文，那天特別請了一位在榮家安養及書法和繪畫都有很好表現的年長榮民李筱凡先生來見我，李先生還帶了他的書法及繪畫作品給我看，我與李先生除了談一些他學習書法及繪畫創作的經過，也談到他在榮家生活的情形，當然他的軍中經歷及作戰經驗也談的不少，回到台北之後，我還寫了一篇專訪，刊登在榮光報上表揚他。

只是當時我聽李筱凡先生敘述軍中經歷及作戰的一些片段，總覺得非常熟悉，尤其他名字中的這個「筱」字，好像曾經在哪裡見過，不知是當時年輕心急、還是腦筋一時轉不過來，或者那幾年接觸的人太多，也是緣故，對面前的這位李先生，似曾相識，但怎麼想又想不出來在什麼地方見過，一直非常迷惑而耿耿於懷，直到事隔四十多年之後，真的應驗了俗話說的：「老年人舊事清晰，新事不記。」那句老話，忽然想到那位李筱凡先生，不就是民國三十八年（一九四九）曾是與自己「風雨同舟、生死與共」一起生活、作戰的伙伴嗎？真是懊悔莫及，否則，當時敘敘昔日的舊情該多麼好。

尤其是，想到在我訪問他時，不知他有沒有認得出我來？或還記得我？如果記得，他是否礙於我是所謂的「上級」訪客，自己已是年邁孤獨的安養者，而不好相認呢？要不，就是心裡暗暗的在罵我「幾年不見就裝不認得人了。」

其實類似的情形，不是沒有，記得有一年我去岡山榮家年終業務檢查，早年我在部隊時的一位羅姓老班長，退役後，在那裡擔任工友的工作，多年不見格外高興，由於他即將結婚，便順便送了我一份喜帖，那時大家普遍的觀念，「送喜帖就是打秋風，要人送禮嘛！」當時榮家主任王晟先生看到了，還責怪我這位擔任工友的老班長為什麼這麼不懂事，隨便送喜帖給「上級人員」？經我說明我們早年在軍中的老關係，才未造成誤會，解除了頗為尷尬的場面。

話再向回說，民國三十八年冬，大陸整個局勢逆轉，我從浙江、江西、湖南、到達廣東，再從廣州搭乘粵江的輪船經過廣西的梧州、柳州以及重回湖南而轉到貴州的貴陽，並考取了全額免費的貴陽高級農業職業學校，沒想到入校只有一個多月，局勢便緊急了起來，學校勢必無法久留，不得已再去依附有中學時代同學的部隊，那時李筱凡先生就在這個部隊中任軍械士，由於他平日沉默寡言，年齡也較我們長二十多歲，再加我當時僅是一名「食客」，大家相處很少有交談的機會，只能算是點頭之交。

在貴陽那段時間，我似乎仍屬「涉世未深，少不更事。」之年齡，還意識不到戰火即將延燒而來，除了黃昏時刻經常悠閒的去「敬之（何應欽將軍之號）植物園」閒逛，植物園在貴陽南郊山下，尤其是那「敬之植物園」五個如房子還大的白字刻在山上，遠遠望去特別醒目，我們在那裡散步，採蕃茄、豆子等蔬果之外，晚間還去體育館看「七虎」籃球隊與當地頗有名聲的「老母雞」籃球隊精彩的比賽，這些都留下了極為美好的回憶。不過，另外一件到現在想起來都還覺得好笑和好怕極為荒唐的醜事，不得不說出來，以作為年輕人的警惕和參考，不過這件事，我只是旁觀者而不是主導者。

事情是這樣，那時在貴陽有一家頗具規模名為「老鄉親」的飯店，菜餚以北方味為主，我的老同學好友解傳禮兄，在過境貴陽時，就曾在這家飯店宴請過我們，後來聽說這家飯店是我所依附的這個單位的多位長官所出資而開。雖然是長官們出錢，但卻是聘請一位民間的經理，負責管理和經營。

在貴陽奉令即將大撤退的前一天（所謂大撤退即是所有政府有關部門，包括軍、憲、警均撤退），忘記了是哪一位朋友異想天開出了一個餿主意，說部隊一撤走，何年何月才能回得來？那家「老鄉親」的飯店不是白白送給了那位經理？我們何不去代替我們的長官討回一點本錢來，也好作路費，主意一出，立刻就有六、七位同僚響應，他們也邀我去見識見識，於是一人帶了一支槍浩浩蕩蕩的去了這家飯店，一到飯店，經理眼尖，大概已感受到來者不善的心意，不但熱烈而親切的招呼入座，點了八、九道最好吃的大菜，還請了他年輕貌美的夫人一起來敬酒作陪，說為我們送行，酒過三巡，並主動叫帳房過來說：「這幾位弟兄明天就要離開這裡，你去弄些錢來，送他們做路費。」聽了這幾句話，我們高興都寫在臉上，心想這位經理真是善解人意，確實精明能幹，夠意思，不過沒有多久，帳房向經理回報說：「飯店所收的都是本地所發行的紙鈔，他們帶到別處也不能用。」這時我們都喝得已耳熱臉紅，看到人家這樣的主動熱誠招待，怎麼好意思再開口，只好假假的說不要了，就這樣吃了一頓免費大餐而回到自己的原有單位。

回來後，大家酒意消失冷靜的回想，偌大的飯店，滿堂的客人（大概由於戰亂當頭，大家生死難卜，先吃一頓慰勞自己再說的心理，因而客人特別的多。）而都付的盡是白花花的大洋（可能飯店料到戰爭即發，已不收紙鈔。），怎麼帳房說收的是當地紙鈔呢？分明是與經理串通好了，騙我們、耍我們，大家越想越氣，於是立刻再回到飯店，並相互約定這次絕不口軟手軟，不拿錢就叫他好看，可是到了飯店，怎麼也想不到，僅僅相隔也不過數十分鐘，最多也未超過一個小時，飯店竟然已熄燈關門大吉，大家望門興嘆，只好結束了一場鬧劇。想想看，幾位涉世未深的年輕軍士，又怎能鬥得過老於世故，在商場上打滾的老狐狸經理呢？

說鬧劇是給自己下台，如果再向深一層想，恐怕不但笑不出來還要冒汗了，因為當貴陽陷於情勢危急時，那嚴厲有名的主政者谷正倫，曾三令五申張貼公告：「凡軍人持槍劫商、擾民者，一律立即革斃無赦。」我們幾位單純如白紙的朋友，竟然想不到這種行為可能已犯了大忌。年輕人喲！一時的衝動、幼稚想法，就很可能面臨著未料得到無可彌補的生死關頭，因此，無論任何事，切不可以兒戲視之，「一失足會成千古恨」而應該三思慎重而行啊！

二

從貴陽撤退去雲南，我們所搭乘的是沒有蓬頂的軍用大卡車，在經過安順、黃菓樹大瀑布之後，山路就步步險惡起來，有一段路是最著名的大西南公路的「二十四拐」，我因不是單位正式的成員，又僅是一名「食客」，所以分配坐在車尾部位，不要說顛簸得厲害受不了，就是那汽車因不斷的爬高而噴出來的柴油之氣、之味，也實在夠人嗆的，尤其是沿途看到許多汽車摔落在數百公尺下的山谷中之支離破碎的慘狀，更感到心驚膽跳，一顆心彷彿一直懸在半空中。

經過極為艱辛和不少的曲折，到達霑益、曲靖，最後停留在一個靠近昆明不遠的一個小山上名叫楊林的小村莊。在楊林駐紮期間，發生了幾件不幸和不尋常的大事；一是我們隊上一位已考取外交官尚未赴任的同事于芳庭，有一天感到在山上實在生活乏味無聊，便與另一位同事與我同村的趙攸邨，一起去野外丟手榴彈玩，不慎手榴彈未丟出，炸斷了自己的右手；臉上、身上也多處受到嚴重的傷，出事之後趙攸邨匆匆跑回經過我們所住的樓房，大聲而急促的向我說：「于芳庭炸死了，你快去把他拉回來。」我一時驚惶失措，問他：「你呢？」「我要開蹓了，否則上面會槍斃我。」說罷，一蹓煙就不見了。

我心慌意亂遍尋山腳找不到，最後由現住板橋的王興民兄找到了，用牛車把他拉回來，于芳庭並沒有死，意識也很清楚，沒有哭，也沒有抱怨，只是淡淡的後悔說：「以後的日子怎麼辦？」因為他有一位年紀很輕，從山東青島跟隨他南北奔波的太太，和一位剛出生未久的小女兒。

在那山區沒有任何醫藥可治，沒有幾天，部隊大撤退，大家自顧不暇，又遇到敵人追擊，任他太太苦苦跪地哀求，大家也無力予以幫助，而各自奔散逃命，以後的下場誰也不知，想一定是非常的悲慘。

第二件事，是雲南省主席盧漢於十二月十一日，背叛中央之後，又派了兩架飛機來炸我們，那天我們都躲在牆根下，眼看飛機低空飛過來，把數顆炸彈丟下，炸彈剛丟出機艙只是幾顆黑黑的小點，漸漸的大起來，而後轟然落地。事後據逃出盧漢控制、開飛機的駕駛員對我們說：他並沒瞄準我們，還利用風速帶引的關係，閃開我們，否則，他如真想炸我們，我們一定會有死傷，不會那麼輕鬆躲過的。

第三件事，是負責帶領我們單位的隊長，不知是神經病發了，還是真的想到別事，竟然分心把軍事會議決定大撤退的時間忘記了，待傳令兵火速來催，我們已來不及隨大部隊撤退，使我們幾個人落了伍，留落在這孤獨無援的小山村，在黑夜籠罩在全村之際，我們在驚惶之中找到一輛也是落了伍的中型吉普車，可是一開始司機先生深怕車一開就會被敵人亂槍打死，堅持不開，最後還是王興民用槍對著他，說明不開車他就會開槍，而我在旁再一聲一個大哥勸他，使他下台，總算結束了僵局，把我們送到一百六十里外的一個第八軍駐紮的基地——名叫宜良。

從山村開車時，已是晚間九點多鐘了，在偏僻的山區已是夜深人靜、狗吠不已，在敵人重重包圍之下，冒著炮火攻擊的危險，吉普車加速行駛，說也奇怪，四週山上之敵人，有的烤火、有的唱歌，就是沒有一個人喝令盤查，否則那個結局就難以想像了。

到達宜良已是午夜時分了。只見火光滿天，軍隊正在燃燒帶不走的槍械、物資，那熊熊的烈火不但照到人的臉上，更照得令人心寒，平時視如生命一般寶貴的槍械，一梱一梱的往火裡送，還帶來霹哩啪啦的聲響，另一方面炊事兵也在起火燒飯，準備喝過稀飯就要撤離，我們幾個人因不屬於該單位，只好背對背坐在地上假寐，等待他們啓程時跟隨而行。那份撤離前之狼狽、悽涼失落之情，令人感傷。

說到撤退就使人心酸，我親眼看到有的兵士帶有家眷，又很不幸的是太太懷有了身孕，在那急促邊走邊跑的情形下，再遇到上山爬坡，怎麼走得動？而後面又有敵人槍聲不斷，做丈夫的本身不僅背有槍，還有背包，對大肚子太太毫無協助之力，多次太太走不動了，哀求先生自行跟隨部隊跑路吧，而先生又怎能硬下心腸來捨棄呢？兩人只好相擁而泣，一面走一面勸，一面求，任誰看了都會生同情之心，同情只是同情，又能發生什麼作用呢？戰爭的無情和慘酷就是如此，人們還不生警惕之心嗎？

不過在撤退的行列中，也不盡然都是這樣悽慘的畫面，許多年輕的軍士，就像現在社會上年輕人一樣，哪知輕重，哪管危險，我們一起的一位叫張志超的朋友，平時就嘻嘻哈哈大剌剌的愛開玩笑，到了這樣狼狽的撤退仍不例外，不知他在哪裡撿了一塊紅布，竟偷偷的貼在王興民的背上，自從這塊紅布貼上，王興民身旁就不斷的有子彈打過來，子彈忽左忽右、忽上忽下，極為危險，顯然已成了敵人射擊重點目標，初時不解何以如此？最後才發覺這件惡作劇，使敵人誤認為那塊紅布是一面紅旗，一定是指揮官的所在處，因而集中火力予以射擊，當時幸虧未被擊中，否則恐怕現在就沒有王興民這位朋友了，這種攸關生命之危險，大家還哈哈了事，真是年少輕狂不知險啊！

我們這樣毫無紀律可言的撤退，不僅有子彈在頭上飛來飛去，生命隨時面臨著危險，而生活方面也受到極為嚴酷的考驗，吃的是袋裝的炒米，幾天下來，口中一點味道也沒有，只好在田地裏找晒乾的辣椒搓搓揉揉沾點辣味。喝的不是井水就是泉水，睡的是依山壁而眠，所經過之村莊都是空空的，老百姓為著躲避戰爭早已跑到深山裡去了，由於山氣潮濕，因而後來我們大半朋友都患有風濕病，有一天晚上好不容易發現了一座空樓，沒想到樓板早已抽掉一半，上面還虛蓋稻草遮掩，不知是敵人設的陷阱？還是樓房主人不願意有人侵入？有幾位冒失者，未察究竟，以為可好好休息一下了，不意一腳踏空摔到樓下而摔斷了腿，以後怎麼辦？大家各自逃命，誰也無力顧及誰。

俗話說：「兵敗如山倒」，幾天下來真的幾乎風聲鶴唳，草木皆兵，大家爭先恐後，不戰而逃，惟有前面提到在白河榮家的李筱凡先生，他不但不逃，反而不時的由前向後走，一人殿後，以一人一支槍回擊追我們的敵人，阻止了敵人無情的追殺，使大家得以安全撤退，他的沉著英勇不懼，曾令我印象深刻，而敬佩不已。只可惜逃過此一大劫後，腦際卻一片空白，對過往之事彷佛如夢如幻。

人真是有無窮的潛力和堅強的韌性，在那樣狀況層出不窮的艱困險危下，竟然沒有任何恐懼感，也沒有任何打算，惟一所想、所做的就是向前看、向前走、向前跑，最後終於皇天不負苦心人，我們平安的到達了離開大陸最後的一站，西南邊陲的一座永遠不會忘記的城市——雲南蒙自。

從蒙自經三亞到台北

蒙自是一個非常純樸令人喜愛的城市，（惟一感到遺憾的是大煙館林立，在一條街上許多小茶館之內，隨處都可以看到躺臥在床上的癮君子，吞雲吐霧，居家之中也不少，我所住的房東，就多次勸我吃幾口，說吃過之後，臉會更白，更胖，更漂亮；我自幼即知，這東西絕不可沾，終未被其所動。）民國三十八年（一九四九）冬，我們在那裡曾有一段時間真正享受到「天高皇帝遠」自由自在的快樂日子，由於我們與原先的單位失聯不屬於任何單位，因而無拘無束誰也管不著，那時我和王興民、范崇清三人，等於結成了一個小組織，雖然當時已是烽火彌漫，人人生命臨危，然而我們三人「少年不知愁」，不想明天，也沒有任何危急感，仍是談笑自若，無視橫逆，每天都大碗喝酒、大塊吃肉，（當地錢一元可買三斤豬肉）彷若古之三劍客，錢從那裡來？絕不是非法而來，好像是由於局勢不保，許多倉庫所存士兵用的綁腿都不要了，我們拿出來賣給鄉下老太太當裹腳布換來的錢（這是別人說的，細節我記不清楚。），整天晃來晃去，無所事事，我們所住的民房旁邊，有一戶白牆灰瓦的大宅院，其中有四位十八、九歲長得非常清秀的女學生，據說是有錢人家的大小姐在蒙自上高中，除請了一位老先生管家，還請了一位十四、五歲的女孩，侍候她們，她們下午下課回家後，有時在院子裡會打乒乓球，我們常常在旁邊圍著看，她們好像對我們這幾位外來人並沒有什麼戒心，也不排斥，有次請我與他們對打時，才發覺我打的比她們好的太多了，因此對我們更有好感。認為我們並不是大老粗。

那位十四、五歲的女孩，更是活潑靈巧可愛，我們叫她丫頭，她常常為我們去買花生，蒙自的花生香脆可口，是我吃過最好的花生之一。丫頭去買花生，經常用她穿的藍布上衣大襟包著回來，惹得我們哈哈大笑，她們小姐們離家上學之後，丫頭會把她們小姐所用的臉盆倒水給我們洗臉，不過她說你們用過之後，她會很小心的把臉盆洗淨，因為我們用過之後，臉盆會留有汗臭，深怕被小姐們發覺挨罵，她的直言，我們一點也不生氣，只是笑在心裡。

我們遊蕩了一段日子，有一天我與范崇清在路邊開玩笑，被一位騎著白馬的同鄉長官聽出了我說話的口音，對著我說：「這位小兄弟，你是哪裡人啊！」我那時年輕氣盛，不加思索的隨即回答：「你管我是哪裡人幹嘛！」「對你有好處啊！」「有什麼好處？你說說看。」「我聽你的口音，就知道咱們是同鄉；我看，你就不要這樣游蕩了，還是到我的單位來較好。」我的這口永不改的鄉音，沒想到還有這樣的好處，怪不得在幾十年之後，我去美國華盛頓、加拿大的魁北克用餐，連服務小姐一聽我說話，就知道我是山東人。

與我談話的這位長官，就是以後在台灣做到憲兵學校校長的郭宗澇將軍，我在他的單位，很是受到他的禮遇照顧，沒有好久，就由政府派飛機把我們接到海南島的三亞，而離開了印象頗好的蒙自。

我們在海南島的三亞，有時去海水浴場泡水，那海水浴場的水清澈可以看到海底的石子，在蔚藍的天空下，一望無際，泡在海水裡真是一大享受。有時我們也去摘椰子，海南島的椰林一望無際看不到邊，顯現著神秘令人生出無限的遐思，有一次我和好友現在住在嘉義市的杜仁傑去摘椰子，一串椰子有十幾個，杜仁傑爬到有三層樓高的椰子樹上，他在摘椰子時，椰子一拉就斷了，他沒有留神就頭朝下腳在上翻了過來，我在下面看到，嚇出了我一身冷汗，幸虧他的腿勁有力夾住了樹，再翻身而上，結束了一場虛驚。

在海南島除了集合聽訓、打柴以外，閒蕩的習性仍然未改，有一天深夜，竟同三、五好友去三亞軍港遊玩，在歸程的路上，還攔車搭乘，海南的夜色又美、又靜，椰林處處，猶如仙境。在海南島居住了將近一個月，過了三十九年的春節未久，就搭乘裕東輪來台，裕東輪是一萬多頓的貨輪，大概是因為撤退的原因，竟然有一萬多人上了船，船艙悶熱無比，甲板上坐滿了人，有家眷、有士兵，更多的是小孩，由於廁所不夠用，甲板上的邊緣到處都是大小便，髒亂惡臭難以敘述，無論男人、女人甚至於年輕的大小姐，都也顧不得有人在旁，隨地而便，一幅難民逃難的景象，不忍目睹。

船上由於人太多，用水都必須管制，深怕發生故障或什麼問題，無法補給，因此除了三餐所必需的用水，是不准任何人可以取水的，那時弟兄們百分之九十以上都暈船，吃不下，喝不下，整日昏睡不醒，而獨我既不暈船，吃喝也不受任何影響，所以上級就派我天天守著船上的儲水池，不准任何人接近，更不准任意隨便取用，有一天一位老太太說實在口渴的不得了，請我法外開恩，給他一杯水，我平生心軟，聽不得人家好話請求，尤其是年紀大的老人，就給了他一大茶缸子的水，這一下可不得了，別人一看可以取水，就有很多人，有的拿臉盆，有的拿鍋子，有的拿茶杯，排好了隊來要水，那時我年輕缺乏社會經驗，正想向他們解說，一位自稱是長官的人跑來，大吼大叫、並不分青紅皂白把那些要取水人的鍋盆統統拋到海裡去，我看了一陣心酸非常難過，那位長官把群眾吼散後，走到我的面前，問我是那個單位的？姓什名誰？並說要處罰我，因為他未著制服，僅是長褲白襯衫，我並不認識他，對他這種蠻橫行為，更是非常氣憤，不讓給水就算了，為什麼把人家的盆鍋拋到海裡去？心一橫也不甘示弱，很生氣的大聲隨口回他：「隨你的便。」以後我也未受到任何處分，仍是糊裡糊塗守著水池，那位長官究竟是何許人？到現在我也不知道，待到達基隆港時，我看看儲水池中仍存有一大半的水，一副重擔放下，固然輕鬆了不少，只是心中充滿了不知是遺憾，還是欣慰？仰望雲天，腦際更是一片茫然。

落腳台北五十年

民國三十九年的二月間，我由海南島來台灣，由於那時光復未久，全台民生物質條件均極貧乏，人民生活更是普遍的艱困，街道上都是冷清清的，沒有一點繁華現象，即便是大都市如台中市，夜間所見，也只是零星地攤的電石燈。人們少有皮鞋穿，大都均著木屐，到處都可聽到踢踢躂躂的走路聲。

人民如此，我們的生活更是不好，初到幾個月，不僅心裡一片茫然，而且生活也不安定，住地忽而台中、忽而台北，而且都是借住學校之走廊及教室或大禮堂，像台中市的師院附小、台北市的永樂、太平國小我都住過一段日子，由於教室水泥地太涼，只得在地面鋪上稻草；飲食方面也不好，來台初期，據傳我們的薪餉及主副食費，在海南島撤退時，已被第二十六軍軍長余程萬拐走了（我在海南島曾見過他並聽他訓話，個子小小的，看起來不像那種人，沒隔幾年在報上看到一則新聞，說跑到香港做寓公的余程萬被人槍殺而亡。），因此，上面臨時的接濟款項就打了大折扣，連吃飯都受到了很大的影響，米飯蔬菜均有設限，不得已，每餐飯前規定每人必須先喝下一大杯白開水再進餐，藉以減少食量，聽起來這有點滑稽，但事實卻是如此。後來在台北永樂國小，雖然補給正常了，但副食費仍然有限，每天吃的菜永遠是空心菜、牛皮菜或豆芽，有一天我們的主管陳可為先生，實在吃煩、吃夠受不了了，叫來伙伕班長大罵為什麼不改一改？伙伕班長冷冷回說，他也想改，只是錢太少無法改。

不過，其中也有一件令人興奮的事，就是有一天忽然聽說每一星期可以吃兩頓饅頭了，初時，我們怎麼也不敢相信，吃饅頭？作夢呀！後來果然實現，當時以我們北方人來說，那份幸福感、滿足感，沒有任何一件事和吃饅頭讓我們那麼喜悅和動心。

至於穿的更慘，我們在貴州、雲南落跑時，由於是冬季，穿的是一襲破棉襖，最後由海南島再轉來台中時，天氣熱了起來，由於補給中斷，一時也無法更換，內衣褲更不用說了，每逢大太陽天，我們就躲在學校沒有放水的游泳池內，把內衣褲脫下來洗滌晒乾後再穿，好在那時的內衣褲都是粗布製成，耐洗耐穿。這些點點滴滴的情形，現在說來可能覺得苦了些，可是在那時無路可走、別無選擇的狀況下，只好欣然接受，再說吃苦好像已成了習慣，因而就沒有感到多麼煩惱，適應得還滿好的。

民國四十年（一九五一）十月我考入幹校第一期，去北投復興崗受訓，生活與前面所說的情形，雖然說略有改善，但也沒有太多差別，我們的大隊長倪藩先生已五十多歲了，早餐一個饅頭不夠，多吃了一個，還受到學生質問：「每人只能吃一個，大隊長你為什麼可以吃兩個？」氣得這位愛護我們的大隊長說起來老淚縱橫。尤其是當時學校倡導克難建校，除了上課還要做工，有時飯菜都涼了還不能收工，有一次學校舉行生活檢討會，有許多同學發牢騷，提出檢討，請上級改進，還受到上級的嘲笑：「這點苦就不能受，還談將來做什麼大事？」

初期受訓完畢，到部隊去實習，也是一樣，每次出操或打野外回來，那位個子不高但曾身經百戰，識字不多的值星班長，在部隊解散前，總是忘不了那一成不變的口頭禪：「現在解散，解散以後先去小便，小便以後就要準備開飯。」然後從他的鋼盔裡拿出一把一把的酵母片，每人發幾顆，藉以補充營養之不足。

不幸患病之後，我到南部醫院休養，說是醫院也只是個名詞而已，醫院設備極為簡陋，沒有護士，也沒有護理人員，較為貴重的藥品需要自己買，飲食永遠是早餐一碗豆漿、一個饅頭，沒有任何小菜或鹹菜；中、晚餐是一碗飯、一碗大鍋菜，魚、肉連想也別想，那時我自己突發奇想用一個空的墨水瓶，做了一個小小的酒精爐，用三支鐵絲做支架，上面放一鐵碗，就可做一碗蛋花湯或一小塊排骨湯，不過也是偶爾為之，因為沒有天天吃的本錢。

就算後來到公家任職，由於職務低、待遇薄，再加自己沒有儲蓄的好習慣，那時又是單身，晚間或星期假日去上補習班、繪畫班、又要交朋友、交女朋友，因此總是要預借薪資，寅吃卯糧，與其他幾位朋友一同吃陽春麵，每當預借薪資時，那位管錢的「劉胖子」出於好意，怕我們透支太多，總是給一點刁難，把借條丟到字紙簍裡去，最後還是不讓我們失望。直到民國五十四年元月份，也就是來台將近十五年，與定敏結婚，由於有了家庭負擔，以及職位逐漸調整升級升職，生活才慢慢步入正規。

時光荏苒，回顧以往，不知不覺來台一晃已是五十五個年頭，住在台北一地就將半世紀，在人生的道路上，應是不算短的一段里程，歷經服役軍中、住院就醫、入學、服務公職、成家及養育兒女，到從事多種藝文活動，結交許多志同道合的朋友、忙碌、緊張、優閒兼而有之，有挫折、有收穫、有頹喪、也有欣喜，更曾振奮鼓翼想飛，終因基礎太薄、材質有限，努力不夠，而難有所成，不過，在這多變的年代，在許許多多無法自我控制選擇的境遇下，對自己所作所得，雖不滿意，但還可勉強接受，如把任何事以寬鬆的態度來看，凡事均有定數，也就應該感恩、慶幸和安慰了。

永遠忘不了那矯健的身影

經國先生說：「你看，官員及坐小車子的人，給老百姓的印象是多麼不好，值得大家反省和警惕。」

民國四十年，來台第二年的秋天，我有幸考入幹校第一期，因而離開台北原單位，到北投復興崗幹校受訓，每天清晨五點多鐘，天色尚在朦朧未亮，我們就得起床升旗。記得每當我們隊伍跑向升旗廣場時，同學們總是不期而然望著大門的通道，因為每天幾乎同時，當時擔任總政治部主任的蔣經國先生，必定自己開著吉普車到達，參加同學們的升旗典禮，這種情形，維持了一段相當長的時間，不管天氣多麼寒冷，或者颳風下雨，也不例外。他這種不曾好睡到天明，與我們同甘共苦的作法，使受訓的我們非常感動，尤其是看到他開車的優容神態，與下車時矯健的身影，同學們又羨慕又敬佩。

經國先生垂詢民衆生活情形

經國先生除了參加同學們的升旗，有時也點名訓話；記得他在點我們名時，除了用筆一一做記號，還會向我們每一個人均注視一會，使我們人人有被尊重、和受重視的感覺。

經國先生在對我們講話或上課時，總是用他親身所經歷的許多小故事，給我們啓發，記得有一次，他說他在五點多鐘起床，在前來幹校的路上，看到一位中年婦女帶領著一個七、八歲的小孩，提著水桶在匆匆忙忙的趕路，感到非常驚奇，就準備停車問問，但沒想到一停車，卻使得那位婦人害怕起來，並一面跑一面喊：「我不是壞人、我不是壞人，請長官不要追我。」經國先生當時感到非常同情而難過，隨之也喊道：「我也不是壞人，請不要怕我。」隨後他詢問這位婦人，何以這麼大清早即帶著小孩子出門？還提著一個大水桶？婦人告知，她是大陳來台的義胞，沒有其他謀生能力，也沒有本錢單獨經營早餐店，而只好與另一家炸油條的朋友合起來，一家磨豆漿，一家炸油條，她一早急著趕路就是要去磨豆漿。經國先生說到這裏，特別提醒大家說：「你看，官員及坐小車子的人，給老百姓的印象是多麼不好，值得大家反省警惕。」在以後的日子裏，經國先生以身作則的親民愛民，以及一再倡導「公務人員是民眾的公僕」，我想就是出於此種理念。

還有一次，記得我們到部隊實習歸來，在開檢討會時，一位同學建議軍中的衛生條件應該加強，因為有人身上還有蝨子。沒想到說到這裏時，經國先生趕緊搶著說：「這種滋味我早年在工廠做工時，就體會過，因此，你們一說到蝨子，我身上還會發癢。」同學們聽後，都哄然而笑，後來部隊中添發肥皂、衛生紙等日用品，衛生條件作了很大的改善。

最使我永遠難忘的，是有次全校師生舉行同樂晚會，經國先生偕夫人方良女士準時參加，晚會中有一個表演氣功的節目，一位壯漢，舉著一把大的鐵錘打擊另外一個躺在鐵釘板上的一個人身上放的大石塊，打了好多下，石塊硬是不碎，後來鐵錘頭鬆了，竟飛了出來，全場師生一陣驚惶，卻沒想到坐在前排的經國先生暨夫人，神色自若以外，還安慰那個表演的人，連說不要緊、不要緊。

這些點點滴滴的過往趣事，倏然已過了三十七、八年，但我的印象卻極深刻，歷歷如在昨日。

本文原刊載「中央日報」民國七十七年一月二十六日「蔣總統與我」徵文之頭條。

「孫運璿傳」給了國人哪些省思

當此國政充滿了雜亂無章，政壇風雲詭譎，社會充滿了不安之際，相信國人益為懷念那實幹苦幹、大公無私、創造了經濟奇蹟的孫運璿先生，以及在他擔任行政院長時那段美好的日子。

雖然孫運璿先生卸任行政院長已經二十多年了，但他那剛毅不拔、公私分明的作風，仍然令人印象深刻，尤其是他與財經界的交往，更是秉持「只有公誼，沒有私交」，比之今日幾乎事事「政商勾結、中飽私囊」的歪風，真不知如何來形容。到現在，相信一定有許多人還在追想，如果當年他不中風，不離開行政工作，繼續領導國人，我們的國家和社會，一定比現在好，而且好得很多、很多。

儘管孫運璿先生所呈現給國人的是剛正、磊落、耿直、無私的人格特質，但另一方面他的謙和、風趣，同樣也受到人民的敬重和喜愛，記得民國六十九年十月，我服務的單位於台北賓館舉辦榮民節園遊會，邀請貴賓及榮民袍澤四千多人參加，並設置了許多小吃的攤位，包括炸春捲、油豆腐細粉、米粉湯、燒餅油條、茶葉蛋等，由於全部的活動工作，均由我所承辦，因此，我親自看到當時他以行政院長身份蒞臨，夾在人群中並到每一攤位，對每項食品一一品嚐，並笑容可掬的頻頻稱讚，以及向每一位服務人員道謝。

以後，他雖然中風之後行動不便，但「齊魯文經協會」每年春節的團拜，均親自參加，並致詞勉勵鄉親、與全體人員合影；以後對我們「齊魯五友書畫會」之五友更是愛護備至、鼓勵有加，除接見我們，為我們畫展剪綵，還多次邀請我們去「劉家小館」吃多種水餃，去「鼎泰豐」吃小籠湯包，民國九十二年十二月十四日在許多親友為他舉行的九十大壽茶會中，還特別請我們五友——孫乾、孫紹誠、孫晉卿、臧貴義及我上台與他及夫人合影留念。這在在顯示了他的平易、親切，令人難以忘懷。

民國八十八年我們第一次拜見他時，他還親自送我們每人一本「孫運璿傳」，其實，當這本巨著於十年前，也就是民國七十八年初上市時，我就買過一本，認真閱讀過，並於民國八十年在我們「革命實踐研究院」同學分組會議中提出：「孫運璿傳讀後感」之報告，這篇報告全文如下：

一、前　言

孫運璿先生，山東省蓬萊縣人，生於民國二年，哈爾濱工業大學畢業。十六歲時即加入哈爾濱工大抗俄義勇隊，十八歲以後又多次參加抗日示威遊行，大學畢業後曾服務於鐵路、電廠，完成多項重大工程，民國三十四年十二月來台參加電力接收，帶領台電員工，搶修電力設備，打破日本人三個月內「台灣一片黑暗」的預言，嗣後擔任台電總工程師、總經理、交通部長、經濟部長、行政院長等重要職務，對電力開發、交通建設、農業、工業、國際貿易，以及國防工業等重大經建計畫之策劃與推動，都有極卓越之貢獻，創造了台灣「經濟奇蹟」。民國七十三年二月任行政院長滿六年之際，因腦溢血病住院，並於五月率領內閣總辭，旋被受聘為總統府資政迄今。

「天下雜誌」鑑於孫資政一生的經歷，一定會幫助年輕人增加對大時代的認識與瞭解，及增加國人對社會的共識和國家觀念，特別於七十八年為其出版「孫運璿傳」，此一傳記出版之後，引起國人深切的關注，一時洛陽紙貴，不到二年，竟出版了八十三版，迄今未見稍減。

此書出版之初，我曾閱讀過，尤其當時經國先生去世已過一年，益感孫運璿先生之病，實在是國家一大不幸，再看當前政壇風雲詭譎，人事紛爭，更懷念孫資政當年從政之風格與氣度，不僅值得各級從政者切身效法，全體國人更應深為省思和惕勵，爰將讀後感敘列於後。

二、英雄不怕出身低，從平凡中走出來

大家都知道孫資政是工程師，是電力專家，是政府高級官員，但是很少人知道，孫資政小時候卻是撿糞拾柴的孩子，他自己回憶說：「每天早上四、五點鐘就被祖父吆喝著：『起來！起來』，縱使外面風寒霜冰，也得馬上從炕上爬起來，拿起堆在牆角的竹筐掃把，趕緊跑到路上，看到糞就撿回家，不管人糞、馬糞、驢糞，都撿回去當肥料。」另外，他也記得：「從來沒有白米飯，每天都吃玉米餅，就是把玉米碾碎，和起來，往熱鍋上一貼，熟了就吃。大蒜搗爛加點醬油就是菜，偶爾能吃到鹹魚配大白菜、蘿蔔，我就高興得要命。」

誠如俗話所說「吃得苦中苦，方為人上人」，經過風吹雨打的磨鍊，才有日後不畏艱難的堅強意志和決心。

三、在艱彌厲，對國家充滿了信心

大學畢業以後不願在日本統治下工作，毅然放棄待遇優厚的「中東鐵路」機電師工作，而千方百計到了後方中央所在地，初任職於鐵路局，後參加建設電廠工程。最為自豪的是還把新建電廠幾十噸的器材，經過「難於上青天」的蜀道，千辛萬苦用騾隊搬運到大後方，保存了一批寶貴的建電廠所需的器材，那年孫資政只是一位二十六歲的青年。

民國三十六年，台中日月潭發生山崩，那時孫資政擔任機電處長，奉總經理電話通知，率領了幾位地質專家，趕往山崩現場，查明是否會影響發電，但是檢查需要深入地下三、四十公尺，水流也很急，稍一不慎，就會捲入發電機的渦輪之中，極為危險。當時包括廠長、工程師等，無一人願意下去，最後，擔任處長的孫資政吩咐：「幫我準備搖車，我下去。」以後他擔任台電協理、總經理時，也總是工作走在前頭，功勞記給屬下。

民國六十七年十二月十七日，美國與我國斷絕邦交關係，全國同胞充滿了極度的憤怒和失望，他在日記中寫入下列的詞句：「國家面臨非常情勢，我身為閣揆，責任重大，今後每時每刻必須以臨淵履薄的心情，和奮鬥不已的決心，來保衛國家的生存發展，人民的安全和幸福。」由於當時他身為行政院長，必需鎮定如常，表現了領導者的風格，他穿梭於立法院、國民大會，告訴立委、國大代

表：「行政機關對此危機一定負責到底。」他也告訴全世界：「中華民國有不屈的決心，有應變的策略，在在充滿了信心。」

四、推動行政革新，以身爲中國人爲榮

從民國六十七年五月卅日，宣誓就職行政院長，到七十三年五月十五日率領內閣總辭，在擔任行政院長六年期間，他推動十大建設、行政革新、開放觀光、完成重回奧運會、並把科技發展經費增加了十倍，提高中小企業的競爭能力，以及推動北區防洪工程，地下鐵與翡翠水庫、地方基層建設、機車騎士戴安全帽等，雖然各項重大施政，都曾引起過重大的爭議，但都能一一克服圓滿解決，他說：「哪一項施政都會有爭議，就看執政者的勇氣，不能一遇到壓力就退縮。」

他的領導風格，有其一貫性，終生以工程師為榮的他，認為施政有如工程，必須靠團隊合作，個人英雄絕不能成其事的，要團隊合作，領導者首先必須謙虛、不搶功、不諉過。還有他反對用私人，他說擔任首長的不要栽籬笆，如果籬笆裡面是我的人，籬笆外面是另外的人，那麼籬笆圈內的人究竟是少數，如果不要栽籬笆，就可以用更多的人才。他當時用的政務委員李國鼎、內政部長林洋港、經濟部長趙耀東等都赫赫有名，極為出色。

最使他關懷的，還是鄉下老百姓的生活、教育和地方建設，有人問他為什麼對鄉下老百姓這麼關心？他說：「我的命和老百姓在一起。」

對現代青年人的期望，是希望大家愛國家，希望大家宏揚中華文化，他說我們中華民國實在很偉大，我們中華文化更實在了不起，因此，我們身為中國人，應該感到驕傲。

五、高瞻遠矚，力行實踐，永爲國人典範

忠臣易得，良相難求，孫資政給國人的印象是磊落、忠誠、清介、耿直，在他的一篇日記中曾寫著：「去年國家在國際間受盡挫折與侮辱，真乃愧對國民與領袖，今後惟在自己工作崗位上，竭盡所能……。」孫資政對國家卓越之貢獻，久在人心，博得全國上下一致的讚譽，蔣總統經國先生，除了在七十三年六月九日寫給他的信中說：「主持行政院六年以來，憂勤惕勵，樹立宏達，為海內外之所共見共聞。」並於七十五年頒贈文官中最高之一等卿雲勳章給他，以表彰他對國家所付出的心力。此外，國際管理學院頒贈院士證章、美國佛羅理達工學院、亞洲理工學院分別頒贈榮譽博士，以及北美社會科學家協會頒贈鐫有「高瞻遠矚，力行實踐」的紀念銀盤。

綜觀孫資政之所以成功及受到國人之敬愛，一是他曾經經過艱苦的歷練，具有豐富的經驗和堅強的意志。二是他對國家有使命感，對同胞有責任心。三是具有立足台灣、胸懷大陸、放眼世界的寬闊胸襟，因此他獲得這些殊榮，可以說實至名歸，國人除了為他慶幸，永遠忘不了他的功動政績之外，更應該以他為典範，效法他的革新實踐重視團隊合作、不搶功、不諉過、光明磊落剛毅不拔、堅苦卓絕、奮鬥不懈的精神。

作者孫康先生與前行政院長孫運璿資政合影

百齡將軍李益群的人生理念

李益群先生，是我從事公職遇到的第一位長官，也是年逾九十而仍對攝影藝術有濃厚興趣的長者，他曾以九十三高齡而榮獲攝影「博學士」最高榮譽頭銜。今（九十三）年九月二十七日欣逢他百歲大壽，他不但沒接受我們為他設宴慶賀，反而以他最得意的三幅攝影佳作：「美國大峽谷夕陽西照」、「中國古北口萬里長城」、「桂林陽朔山水」分送給我們。

回顧四十六年前，民國四十七年年初我初到台北任職，到五十八年二月，我奉調到另一單位，這十一年之間，他一直是我的直屬長官，又由於他喜愛攝影與我有同樣的興趣，因而他常常主動請我陪同他到畫廊或博物館去參觀各項展覽，即便是上班時間，有時興起也不例外，而在我未結婚成家之前，每年年節也多次邀我到他府上過年過節，民國五十四年我與定敏結婚時，由於我隻身在台，李公又以我男方的家長身份，為我主婚，並發喜柬邀請來賓參加婚禮，因此，我與李公除了有長官與部屬之關係，也有長輩與晚輩之私誼，情感深厚而密切。

李公係陸軍官校第四期畢業，早年曾參加東征、北伐、抗戰、剿匪等多次戰役，功勛彪炳，六十多年前即民國三十年，與日寇作戰期間，即因戰功晉升為少將，從軍中退役後，轉至輔導會為退除役袍澤服務，建樹亦多。

從公職退休後，對攝影興趣更為濃厚，除了遍遊國內外名勝地區，如美國大峽谷、廣西的桂林等地獵取鏡頭，更多次攀登最著名的黃山、峨嵋山、武夷山，在赴東北長白山之前，他要我給他介紹一位北京攝影界的朋友為他作伴，因為他知道我的外甥龐一農在北京中央電視台擔任高級記者，也是攝影名家，當我寫信給我外甥徵求他的意向時，而意外的先收到劉力群先生來信說他願意陪同李公去登長白山，劉力群是我熟識曾做過「解放軍日報」社長劉宗卓先生的長公子，他不但主持一本攝影雜誌，而且也是攝影名家，民國八十六年（一九九七）我於舊金山旅行時，就曾看到劉力群的作品在一家畫廊展出。我回台後，還把參觀展覽的經過寫信給他。

從長白山歸來之後，李公除了讓我欣賞他所拍的一些照片，並對我說：「你介紹的劉力群這位青年攝影名家，真是熱忱得讓人感動，我們去長白山天池去拍照時，由於汽車到不了天池，我又年老無力攀爬，沒想到劉力群竟把我揹上去，因此才有一幅為我最得意的「天池美景」——在翠谷白雲籠罩下，有一位著紅衣的美女正在全神貫注的欣賞天池，彷若天女下凡，這種千載難逢的機緣，為我拍到，心中之興奮實在無法形容。」

民國八十二年（一九九三）李公已九十歲了，又去北京並到長城拍攝長城落日的夕陽，仍請劉力群作陪，事後據力群的母親牛玉華大姐給我來信說，這位九十歲的老人精神特別旺盛，從早上八點鐘去，直到晚間十時多回來，一點也不感到疲勞，我們比他年輕得多，也是望塵莫及。

民國八十五年九、十月，我去北京訪友，十月一日晚間劉力群的父親劉宗卓先生，設宴請我夫婦，並請了書法名家、方丁老先生等作陪，那晚也特別邀請了李公參加，因為他正要去熱河承德拍照，事後聽說在幾天之中，連劉力群這麼年輕的人都感到吃不消，而李公依然精神飽滿，在回北京的路上還不停的下車拍照，沒有幾天，我在頤和園門口又遇到他和一群朋友，並合影留念。

李公每次外出拍片回來，都會請我與定敏去欣賞他的作品，他參加攝影學會「碩學士」以及「博學士」之選拔，所送的作品也請我夫婦提供意見，並由我為其撰寫文字說明，由於他攝影認真和用心，所拍出的照片，無論取景、光影，都氣韻生動、意境幽遠，因而很早就獲得「碩學士」之頭銜，更於民國八十七年榮

中國攝影學會理事長周志剛先生（左）頒「博學士」榮銜給九十三歲的李益群先生（右）後，兩人握手致意

李益群先生所拍攝的古北口萬里長城景色

獲「中國攝影學會」「博學士」之最高榮譽之榮銜，並於同年三月十五日，由攝影學會理事長周志剛先生頒授「博學士」當選證書。那年他已是九十三之高齡。

許多老同事獲悉老長官，獲得此項殊榮之後，都非常為他高興，我和定敏特別於台北市羅斯福路的「北京樓」設宴為他慶祝，並邀請了早年同事李滐崟、張瑞雲、顧振中、馮玉明諸兄，以及夏勛真、周秀鳳小姐等作陪，大家極為愉悦。

對於過往，李公曾將他個人的從軍經歷以及人生際遇點點滴滴，用生動風趣的筆調，寫成「老兵憶往」一書，以作為他這一生旅程的許多回顧，他最為自豪的，就是自始至今一直秉持著自己一貫的信念：人生不在年齡的增長，而在於永不停留的學習，和永不退縮的奮鬥與精進；而所追求的，不是名利的謀取與爭奪；而應是真善美及自我生命價值與意義的實現。他在退休時另一本所寫的「我的回憶與感想」中，也寫道：「如果説生命是戰鬥，我曾經為實現三民主義的理想奮鬥了四十多年；如果説生命是歷程，我已到了路旁的驛站，可讓我稍作休息，再添精力，以達終點；如果説生命是一齣戲，我也扮演了忠於自己的各種角色；如果説生命是火種，我希望能照亮自己，也照亮別人。」

附註：李公獲「博學士」榮銜之後，我曾於民國八十八年（一九九九）撰文發表於「復興月刊」一二八期，本篇係李公百齡誕辰時所改寫。

騰譽國際的傑出畫家匡仲英

在台北市館前路的「世華銀行」內，懸掛著一幅匡仲英的山水畫，我每次去銀行，必定佇足觀賞久久，因為匡仲英是位名畫家，他的畫作耐看，另一方面更重要的，他是我多年很好的朋友。

我與仲英兄相識相交已近四十年，在十多年以前，每年十月國慶大典，他必定回國參加，被友朋譽為「候鳥」。惟近十年由於國內政壇的混亂，已不復如此。以往他每次回國或舉辦個人畫展，他一定與我相聚相敘；即便是他週遊各國作展覽，儘管行程匆匆，亦均會將行止函告我。

一九九七年，我於舊金山旅行小住二個月期間，仲英兄與秀鳳大嫂賢伉儷在我抵達之第一天即前來看我，並多次相聚餐敘，並送了我一副意義深長的對聯：「芳信已催詩興動；清香知自故人來。」另外，我應邀七月六日於「美洲、亞洲藝術學會」發表繪畫心得之演講時，這位名滿國際的大畫家朋友，亦遠道入座聽講，以增聲勢，更使我汗顏，此足一說明他對老友之尊重。

年前由舊金山寄來多幅他親筆所書寫的箴言，這些箴言均屬有益身心健康的名句，其中「華陀長壽歌」：「鳥飛猴跳熊慢走，貓抓狗蹲獅搖頭；老虎撲食馬踢腿，活到百歲不用愁。」最為有趣，其主要之目的，在喚醒大家要多動。另外「健康十訓」、丁福保「大笑有益」語；吳學廬所寫「氣之溫和」、「質之慈良」、「量之寬洪」、「貌之厚重」、「言之簡默」者均會高壽之嘉言，以及「莫生氣之歌」等，老友藉此諸多嘉言名句，蘊含表達關懷之情，能不牢記在心。

仲英兄名時，湖南湘鄉人氏，溫文儒雅、沉潛圓融、謙謙君子，名書畫大家也，舉凡山水、人物、花鳥、詩文、書法無一不精，為大千大師之入室弟子，早年追隨老師半個世紀，受教最深，盡得薪傳，深獲老師嘉許，並曾獲老師贈詩：「揮毫便可窮殊相，破墨眞堪撥亂雲；來共匡君結廬舍，更呼老雨滌塵芬。」。

除了贈詩，大千大師還贈送仲英兄有多幅斗大的榜書，記得三十年前，仲英兄返國，請我和名作家魏子雲先生到他居住之所見面，那天他特別取出大千大師送給他那字如斗大、氣勢磅礴雄偉的多幅榜書，末後大千先生還具名自稱為父。真是令人大開眼界，有無比的震撼。

記得，大概是二十多年前，在藝壇發生了一件眾人議論的大事，大意是據說香港某單位或某人，化費巨資買了一幅大千先生的一幅大畫，後來竟傳出，這幅畫並非出自大千先生之手，事情傳出之後，許多好事者便紛紛猜測，如不是大千先生親自所畫？那麼有哪些畫家有此能耐（本事），而畫得這樣維妙維肖呢？於是有人就猜測只有匡仲英和孫雲生兩位先生都是大千先生的入室弟子，而且均有此本事，不但畫而且字也可以模仿得令人無法辨認，於是一時之間，倆人都有難以辯白之嫌疑。由於我與匡仲英和孫雲生倆位先生都是朋友，曾利用不同的場合與時間，分別與他倆談到外面的傳說與猜測，他倆異口同聲，並帶稍有憤怒的語氣說，這種傳說是對他們人格最大的污辱和抹煞，對於這一點，我是對他倆人格之崇高深信不疑的。隔了沒有好久，又有人傳說，那幅畫還是大千先生自己畫的，只是時間久了，年齡大了，一時記不起來而已。我想許多的傳說都是好事者道聽塗說罷了。

仲英兄出生於民國十三年（一九二四），今年應是八十高齡了，多年來遨遊歐、美、亞洲多國，行蹤所至，致力於宣揚中華文化，而其無數精彩之個展與作品，尤騰譽國際，並曾獲日本前首相吉田茂之首獎，其書畫為世界各大博物館、美術館所收藏。膺獲為世界藝術名人榮譽之稱號。從下面所附他給我的來信，更可看出他多方面的深厚修養。

乃康兄嫂賢伉儷：

久疏通候時念　賢女婿近維

起居安勝，譚府納福為頌無量。前承托郭儀

兄轉下珍藏書畫集，兄嫂書畫造詣高超，琳

琅滿目，游蹤所至盡收筆底，拜讀迴環，無任佩

仰。尤以吾兄人緣廣結，多集名人手蹟，翰墨因

緣，更為難能可貴。拙作刊列其中，倍感粗疏

評款。但以58己酉 68己未 76丁卯 86丁丑各年是

為巧合，而四十年竟無長進為愧!!

兄珂里，禹城，予亦曾駐留數月，民情純樸

但大雪天坐鐵皮車過黃河，寒冷刺骨，迄今

記憶猶新。

郭儀兄近日將返台度歲，與兄又可歡聚，他鄉遇故知，亦為人生一樂。（應為故鄉遇故知，因吾人在台居住已五十餘年，可說大半個本土人了，權把他鄉作故鄉！一笑）

附上拙書箋文，敬希　敬兄笑收指教。專此順頌

儷祺并祝

新年如意　闔府吉祥

弟　匡晴再拜　九十一、二、八、於舊金山

孫瑛與孫大石美術館

「悟通事理為得道，看破紅塵即成仙」，這是我於二〇〇四年六月去看望目前住在山東高唐的名畫家孫瑛宗兄時，他當面寫給我的一副對聯，我想這是對老友的期勉，也是他個人的體悟和當下之心情。不過，要悟通事理、看破紅塵談何容易，能夠時時記住而心嚮往之，當為標桿就很不錯了。

去年的五、六月，我和定敏完成返鄉探親及與禹城一中簽訂設置「故鄉情獎、助學金」之後，懷著輕鬆的心情。再度去鄰縣的高唐，看望現年八十六歲的孫瑛宗兄，同行的還有我的小學時期的同學李光耀、王蜜夫婦與他們做醫生的孫女賈靜小姐，以及禹城一中校長姜成華先生，他們是聽我說在高唐以孫瑛之名而設置的「孫大石美術館」（孫瑛號為大石）不但建築優美雅緻完善，而且展出的孫瑛大筆大墨之畫作，是難得一見，具有高水準和開創獨到的造詣，值得一看再看，因而他們慕名並陪同我前往參觀的。

我們到達之後，受到孫瑛兄嫂以及名書法家、美術館館長白中海先生熱誠的歡迎，並設午宴款待我們，午宴時不但菜肴豐盛，而且孫瑛兄嫂均換著大紅色的唐裝，並不時含笑，他的弟子白館長說，這是多日難得看見的歡笑場面，充分顯示了他與我這位老友重逢的喜悅之情。

這是我三年之內第二次前往看望他，很顯然他對曾經住過多年所熟悉的土地、城市、事物和故交，都非常的繫念和關切，因而見面之後即不斷的頻頻相問，而我回台不久，又接到他的來信，除了敘述自己心路歷程之外，字裡行間仍是充滿了對此間友人的懷念和祝福，人的情義是永遠無法割捨的，也是難以改變的，他的來信是如此寫的：「孫康、定敏賢伉儷：承蒙賢弟夫婦不遠萬里殷勤探視，令我全家感動至深。拜觀賢弟『康莊紀事』一書，其中文風純樸自然，韵若品茗，展讀之間如臨歷史長卷，猶覺人世滄桑，不勝感慨。」「為償落葉歸根之願，攜老伴以年高體弱之軀定居高唐，幸故鄉人民與政府血熱情濃，在弟子兼館長中海督促下，為我二次擴館，想我一生飄萍不定，至晚年竟有此結果，實堪慰也。」「近聞台海局勢變幻莫測，往日故交，音信沉浮，聞弟告台一切尚稱平穩，或可釋懷一二，此後盼安，並共祈老有所成。」

其實，不僅他對台灣的故交心繫關切，而此間的諸多朋友對他也未曾忘懷，

2001 年孫康（右二）及夫人馮定敏（左二）拜訪孫瑛先生（中）時與有關人員於「孫大石美術館」前合影留念

朋友們相聚時更經常談起他的生活現況及「孫大石美術館」的推展活動，今年五月八日在國父紀念館中山畫廊「鄧國清水彩畫展」之開幕時，名水彩畫家宋建業就關心的向我詢問孫瑛兄的現況，陳陽春還向我要孫瑛的通信地址及聯絡電話，可見友誼之間是需要相互關懷與經常維繫的。

孫瑛兄是我多年的好友，無論早年他在台北永和市、在美國舊金山、在北京的雙榆樹里，以及在他的故鄉高唐，我們都保持著密切的聯繫，他的經歷、作品以及不凡的成就，五年前在我出版的「孫康珍藏書畫集」中，我已作過詳盡的介紹。

孫瑛早年在台灣時，即非常有名，他不但水彩、油畫都好，而且水墨畫更是大筆大墨具有開創獨到的一面，他曾多次在美國、日本、韓國、香港展出，日本著名的評論家紙佐馬贊譽其為「中國水墨畫之鬼才」，另一位美術評論家田近憲三稱他謂：「一位放出異彩的天才。」。

「孫大石美術館」，位在湖水如鏡、風光優美的高唐北湖，不但建築雅緻，而且設施完善新穎，除了專為孫大石書畫作品的陳列館，而且還有可供其他藝術家展出作品的畫廊，以及可以實施教學的教室，近來更在白中海館長的精心籌劃督導下實施擴建，我前往實地參觀時，見其基礎工程非常宏偉已近完工，相信不久的將來必成為一座輝煌的「藝術殿堂。」

此外特別值得提出的，「孫大石美術館」除了收藏歷代稀世陶器，還有一方十・一公噸的巨硯，該方巨硯高一・五米，長四・四三，米，寬二・二六米，上刻八十七條龍，其中三條代表三個直轄市，二十八條代表二十八個省及自治區，五十六條代表五十六個民族，另刻有黃河、長城，極具細緻精美，堪稱為天下第一巨硯。這方巨硯為河北易縣古硯雕刻廠經理劉西遠、副經理劉全生二人為仰慕孫瑛而贈送美術館的。

一個城市的繁榮與進步，經濟條件固然不可少，但文化水平的提昇，人文藝術氣息的培養，更為重要，目前的高唐兩者均已兼具，尤其是自「孫大石美術館」設置以後，不但書畫家多人已受到社會的肯定與重視，而且藝文活動更蓬勃發展，據說不久的將來，將有藝術街的形成，因此，高唐已成為人文薈萃現代化的城市，值得高唐人驕傲，值得高唐人以此為榮。

馮培君與榜眼府第

二〇〇四年歲末，我將我的「康莊紀事」寄給遠在洛杉磯的馮培君大姐，請她指教，我之所以在這本拙作出版已近一年之後才寄去，最初的想法也是最主要的考慮，大姐年歲已長，實在不忍讓她再費眼力，可是後來想想，多年來，我和定敏均蒙大姐愛護賜教，在「康莊紀事」五十二頁中，不是就曾說到十多年前，我的「綠窗隨筆」出版後，培君大姐「愛屋及烏」把它放在枕邊，並告訴我們說每晚睡前總是先看一篇，看後覺得心中平靜很多，而對其中一些有關生活方面點點滴滴的描述，也印象深刻並頗有同感，這些充滿了愛心與善意的話語，均給予我莫大的鼓舞，如果不把這本「康莊紀事」中所說的內心感受，請她看看，讓她知道，也實在有所虧欠與不妥，因而心中一直無法平服，為此改變了原初的考慮與想法。

書寄出之後，未隔幾天，就接到培君大姐的電話，除了一貫的對我大為嘉勉與獎譽，說出她收到之後的喜悅愉快心情，並寄來一座用純金所製的「般若波羅密多心經」金牌，給我紀念，而在這座金牌中的「心經」，係培君大姐親筆所寫，其書法高華莊重、法度森嚴，筆法以真而兼隸意，寓秀健於平正之中，極為精妙，不僅可藉以宏揚佛法，而且也是一件價值非凡的藝術品，尤其牌面採扇形，字體由大而漸次縮小，行氣勻正順暢，排列組合均宜，更為難得。據培君大姐說此一金牌，係兒女為慶賀其八十大壽而精製，更顯現其意義深遠，相信將可永世流傳，為人景仰和珍惜。

我和定敏與培君大姐相識於民國八十年（一九九一）二月，一同參加好友國畫大師李奇茂兄所組成的「中原新春雅集」，曾同遊上海、杭州、南京及北京等地，相處甚為投緣，十多年來一直保持著密切聯繫，大姐雍榮高貴，為人寬厚親切，書法畫藝俱精，歌聲亦有相當造詣，是一位受人尊敬而樂於親近的長者。

培君大姐出生於江蘇吳縣（現改為蘇州）木瀆鎮中的「榜眼府第」，民國八十八年（一九九九）她從洛杉磯給我來信，並附蘇州日、晚報之剪報，除了說明「榜眼府第」已經由當地政府修復完畢並開放，希望我如有蘇州之行，不妨前去一遊，或許有意外之收穫；並對其出生之故居，曾遭遇損毀變遷而終於重見天日面對世人，由辛酸絕望而深感欣慰轉折之心情，有所表述，感觸良深。

馮培君大姐（左）與馮定敏（右）1991 年訪問北京時於故宮前合影

孫康、馮定敏於蘇州木瀆鎮「榜眼府第」之大門前留影

「榜眼府第」當年係培君大姐之先祖馮桂芬之住宅，馮桂芬（一八〇九——一八九四）自幼即博覽群書，青年時便以學識淵博而名滿江南，三十一歲時，清道光二十年（公元一八四〇）考中榜眼，因而故鄉人稱其住宅為「榜眼府第」，久而久之，終以此而聞名，成為具有歷史性之古蹟。

據報載「榜眼府第」坐南朝北，分為前宅和後院兩大部分，具有典型清朝早期江南園林建築風格，前宅現存三進，分別為門廳、大廳和樓廳，出大廳西折有花籃廳和書樓。花園在原址重建，以池為中心，另亭、軒、榭、橋和黃石假山錯落其間，綠樹掩映，充滿了詩情畫意，整個園宅佔地近十畝。

「榜眼府第」在十年浩劫中，曾遭到嚴重的破壞，一九九八年政府斥資開始修復，仍保持其原有之風貌和特色，無論其中之顯志堂、校邠廬、芙蓉樓、花籃廳，均氣宇軒昂，古意盎然。

二〇〇三年九月，我與定敏曾有蘇、杭之遊，並專誠前往瞻仰和參觀，惟因受團體活動時間之所限，到達時「榜眼府第」剛過參觀時間，而只好在門外徘徊久久，頗為遺憾，深信不久的將來，我們必將前來參觀、造訪、重遊。

王王孫大師言人所未敢言

王王孫大師是一位嚴守信用而豪邁不羈性情中的大人物，有一年歲次為「龍」年，他用金文寫了一幅十二生肖之一的「龍」字寄給我，只是這幅「龍」字在他書寫到一半時來了朋友，受了與朋友說話的影響，而少寫了兩筆。第二天他自己發覺，立刻又重寫了一幅，並以限時信寄給我，使我感激又感動。

最使我汗顏的，以往他送給我的多幅法書，均稱我為「老弟」，這封限時信，卻客氣的稱我為「先生」，而他自稱為「弟」，由此，可以感受到這麼一位了不起的金石、書法大師，也有其細心自謙的一面。

平時他常自信自傲的說：一般人書畫展的請柬總是寫「請指教」，可是我的書畫展，就不想這樣寫，因為「誰能指教我呢？」然而他給我的這封信，除了前面所說他的自謙美德之外，還在信尾加寫了三個字「乞教之」，他這份重視與人交往的禮儀，益使我們肅然起敬。至於大師所說「誰能指教我呢？」我想其真正的意義，並不是在否定別人，或者看不起別人，而是藝術家所具有的特質和自信心以及對自我的期許吧。

我之所以把大師這封信說出來，除了可以稱為藝壇一大趣事，而主要的是表彰大師的崇高修養和風範，更是作為自己以及所有朋友效法之典範。

王王孫大師用金文所寫的「十二生肖」名聞中外，為世人爭相收藏的藝術品之一，這是他多年研究文字學而創作的，多年前，一套十二幅用金文所寫的十二生肖字，為購者出價一百二十萬元買去，以後多人要重買而不得。

由於王大師腕力雄渾，因而他無論治印、書法，下筆下刀均蒼勁而帶豪氣，尤其行氣喜歡中鋒直下，從錯縱中見統一，而構圖完美樸拙自然且有獨創自我風貌。論者均認為王大師法古而不拘於古，尤其治印被譽為當代「印聖」，想來實在有其道理的。

我拜識王王孫大師，迄今已三十多年了，我所收藏許多的名家書畫，其中也以大師的作品較多，除了十二幅生肖全套，還有對聯、條幅、橫披及為我水彩畫展題署等，約計二十件，這在我出版的「珍藏書畫集」中，已予以說明和介紹。

與王王孫大師見面，一般人會感受到他較為嚴肅，頗有正氣凜然的味道，可是我每次到王府去拜訪大師，他總是親切和藹熱誠接待，據他說他一輩子未曾求過人，也未曾做過自己不喜歡做的事，更不願與不想見的人相會相處，惟一使我看到他生氣的一次，是三十多年前，民國六十二年他在省立博物館舉辦展覽，有一天中午我請他到重慶南路的峨嵋餐廳去吃飯，剛要離開展覽會場之時，因為一位老先生要請其治三方印，每方印為四萬元，三方應為十二萬元，老先生大概不明瞭王大師的個性，要求給予稍許優待共付十萬元，因而使王大師發了一頓大脾氣，連話都不回答，掉頭就離開會場，在用餐時雖然我們幾位朋友在旁，仍氣憤難平。大師治印一向不准討價還價，而且認為藝術一旦討價還價，是對藝術家一項非常嚴重的污辱。他治印一直堅持三大原則：一是名字不雅不刻；二是不喜歡的人、不順眼的人不刻；三是印材不好不刻，至於潤金如人對了，一分錢不給，奉送都可以。他曾為五位國家元首治印，包括林森、蔣中正、嚴家淦、蔣經國，以及印度聖雄甘地。

除了他在金石治印、書法上有傲人的成就，王大師對有關藝術方面的看法與理念，以及對從事藝術朋友們的期勉和忠告，更是震古爍今，言人所未曾言；言人所未敢言，他常語重心長的說：藝術家不需要太謙虛，而要有自傲、自信，更要有自我，無論書畫，自古以來都是一大偷，但可千萬不要做小偷，只是偷人家一些不好的東西；而是要做大盜，並且要做江洋大盜，盜來的東西自己消化、自

王王孫大師治印之神態

己吸收，盜得無影無蹤，不留任何痕跡，這就需要偷得妙、盜得巧；要大膽，要有三頭六臂的功夫和本事，更要心狠手辣，不心狠手辣是偷不到古今中外許多傑作的內涵和表現的。

還有做藝術家要多看、多聽、多研究、多琢磨，不要一成不變的在模仿，你不能一輩子叫別人牽著鼻子走嘛！藝術家必須要鑽牛角，而且要鑽得進，還要鑽得出，否則就難有所成。王王孫一九〇九年出生於安徽滁縣，天賦異秉，幼年就讀小學時，即能以大草自書門聯，因而有「書法神童」之美譽。

工筆畫巨匠翁文煒奇人奇事

以工筆所畫的人物、仕女、鞍馬、宮室及山水，在當今應不作第二人想，他是翁文煒先生。

已很久沒有看到這位風趣的人物了，記得上一次應張岳軍先生之邀請，與他在一起喝茶聊天，還是民國八十七年的三月，那天他還送了我一本他第十一輯的畫集，時光荏苒，匆匆距今已過了近七個年頭，今（二〇〇四）年十一月二十七日，又承「中華書畫裝裱推廣研究會」理事長張岳軍先生之邀，於英雄館薔薇廳餐敘，再度與翁先生得以相逢，多年不見，他依然精神矍鑠，談笑風生，神采飛揚，聽他説這一天這同一時刻是他孫女的訂婚喜宴，但為了與老友相聚，他還是在那邊完成儀式以後，即提早退席來此相聚，足見此老多麼重視友人情誼。

翁老今年已是八十又五高齡，臉上一直洋溢著喜氣，想是一方面，家有喜事孫女完成了訂婚嘉禮，另一原因，當是在我們相聚的九天之前，亦即十一月十八日，江蘇省姜堰市為了酬謝他多年來宣揚中華文化，及關心鄉梓、對家鄉文化發展所投注心力，以及為海峽兩岸文化交流作出之貢獻，特別為他所建立的「翁文煒美術館」，舉行了開館典禮。

對於為他個人所設立美術館此一具有歷史性的大事，出於他的意料之外，他說：他原沒有想到姜堰市對他的為人和畫作這麼重視。美術館位於姜堰市公園西南隅的名人館內，與高二適紀念館毗鄰，佔地七千平方米，館內設置有翁文煒美術展覽館、晚香亭（翁先生的號）、晚香草堂和石雕長廊、專業畫室等，風景優美，設備完善。據陪同他去參加開館典禮的張岳軍理事長說：不僅美術館建築宏偉、美侖美奐，前所未見，而且姜堰市對由台隨同前往之祝賀團數十人，亦均予親切、周到熱誠招待，姜堰市對翁老的敬重，令人印象深刻而感動。

翁文煒的工筆畫，享譽藝壇逾半世紀，因之他曾獲國立歷史博物館金質獎章、榮譽文藝獎章、國家文藝基金會、電影金馬獎等，其作品更為美國春田美術館、國立歷史博物館、國立藝術教育館、陝西黃陵博物館等所典藏。

當天，我們在一起除了飲酒論藝之外，他還對我說出他有多項常人難以企及的本事：第一、不要看他已高齡八十五歲，而身體清瘦及又薄又小的嘴巴，但他能把自己偌大的拳頭輕而易舉毫不費力的放進嘴裡去，說罷並立即表演而不誤，

翁文煒所繪淵明酒醉圖

在座四、五位友人，看到均曾一一試行，而均失敗。

第二、他平時自已不喝酒，更不嗜酒，對酒並沒有特別偏好，可是遇到知己友人相聚，他一個人可以喝一大瓶純度的高梁酒，而且也不會醉。

第三、平時他只有繪畫，並不作任何運動，可是如去爬山，一般青年也難以相比，據張岳軍先生證實，的確如此，他們此次回江蘇，走路爬山，雖然他較翁老年輕很多，但跟隨行走卻一直非常吃力。

第四、他雖然已是八十五高齡，但仍可在一只單椅子上雙腿盤坐，即便很久也不會腿痲。另外更令人稱奇的是，他眼不花、手不抖，因之，他的畫作線條沉穩而流暢、筆觸健勁而有力，墨色飛舞、濃淡有緻，構圖新穎，尤其所畫宮室千榱，萬角，曲折高下纖悉不遺，而引筆縱横，設色古雅而完美，因之受到世人普遍喜愛，獲得藝壇肯定而讚美。

最為一般人難以相比的是他得天獨厚，體力精神充沛過人，從上午畫到中午，再從下午二時畫到夜晚凌晨二時，如此長時間之專注而依然精神奕奕，毫不感到疲倦，實堪稱為藝壇一奇人。

田園交響曲——李轂摩繪畫的靈感泉源

著名畫家好友李轂摩兄，近年來大展不斷，畫藝益為精進，受到藝壇及國內外人士普遍的讚譽與重視，二十多年前，我曾將他畫的鄉間所見之蟲、鳥及花卉，並附多幅畫作，寫了一篇文章名為「自然之樂章——介紹李轂摩的國畫創作」，發表於「成功之路」月刊七十年一月二九一期，其原文如下：「兩年前李轂摩在台北舉行畫展時，曾獲得藝術界及社會人士的普遍好評，而其中一幅標題為「冬之暖流」的人物畫，尤其是受到大家的特別喜愛，在那一幅畫裏，他畫了兩位鄉里老人坐在長木凳上對棋的情景，兩位老人沉醉於棋子的落著，全神貫注，那種忘我、忘世界的神態，迄今事隔兩年，猶為看過那幅畫的朋友們津津樂道，讚賞不已，譽為是現代人物畫中，給人印象最為深刻的一幅寫實而具創意的代表作，因而藝評家鍾義明先生在評介李轂摩的作品時，說他的人物畫有其獨到的功力。」「其實李轂摩不僅人物畫功力好，而且山水、花卉、翎毛、走獸，也都有最為突出的表現，李轂摩的繪畫範圍極廣，他幾乎是沒有固定體裁，越是鄉土的、越是身邊常見的，他描寫的越絕、越妙，一隻壁虎、一群螞蟻、一叢蘆葦，他都會把它們畫得栩栩如生，躍然紙上，以本刊本期的這幾幅小小動物畫來看，就不難欣賞到他的筆勢、墨韻和意境。」「時下一般論衡國畫今後應走的方向，有的強調傳統，有的主張創新，眾說紛紜，結果強調傳統者往往是臨摹、抄襲，或者泥古；甚少有自我面貌。至於主張創新者，雖然是觀念和手法是新了些，但所表達的卻常常失去了國畫獨有的特性和優越性。而李轂摩的畫卻是具有兩者的優點，一方面維護著國畫傳統的優越性，一方面運用細密的觀察、敏捷的思維，不斷的突破和創新，賦予作品生命感，這就是李轂摩最成功的地方。」

事隔二十年之後，不但他的畫藝有更深一層的意境，而其個人修為尤令人讚佩。年前他在寫給我的一封信最後一頁空白之處，為了說明他目前的鄉間閑適生活與心境，還即興式的畫了小雞、青蛙、草蟲，極為生動，不僅可以證實他志趣如一、生活美滿，而且也說明他多年來的創作，其所以充滿了韻律、生動與觀賞者產生心靈共鳴，實有其緣由，其心領神會念茲在茲。此一信函末段盎然有趣，我極為珍惜，特附印於後，與所有朋友分享。

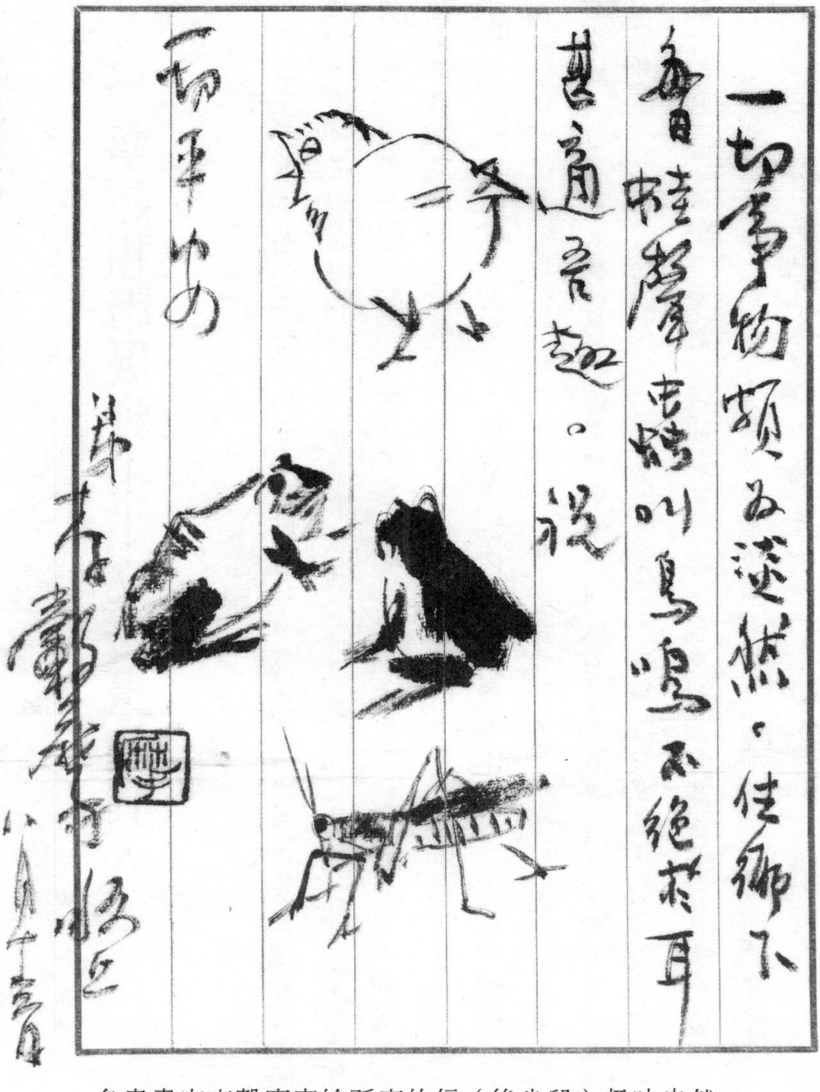

一切事物頗為淡然，住鄉下

唯蛙聲蟲叫鳥鳴不絕於耳

甚適意趣。祝

李轂摩 敬上

名書畫家李轂摩寫給孫康的信（後半段）趣味盎然

寧靜和諧優雅——文霽畫如其人

廿多年前，旅居紐約的水彩畫大師馬白水教授回國講學，住在師範大學的招待所，有一天我前往探望，並邀請和安排為此間同道作一場有關繪畫的專題演講，那天馬教授與我談到水彩畫的趨向，以及許多畫水彩畫的朋友，不過，使我印象最為深刻的是，馬教授對文霽兄的畫與為人，均給予很高的評價和肯定，馬教授說，文霽對繪畫的專注、執著與鍥而不捨的努力，才有今天這樣好的成就。

另外，記不得是在哪一所寺廟裡，懸掛著一幅文霽所畫的荷花，寺廟主持人對我說，他喜歡文霽的畫，因為他的畫，讓人看了感到喜悅、安心和清涼。

還有一次，在許多人的一項集會場合裡，有六、七位我並不認識的女士，圍在一起聊天，她們其中有一段談話的內容，也在討論和讚揚文霽的水彩畫。

最使我想像不到的是，去年當我收看電視時，曾很偶然而不經意的看到一家電視台正在播出的一幕電視劇，說那位女主角，有很好的繪畫技巧與才能，因為

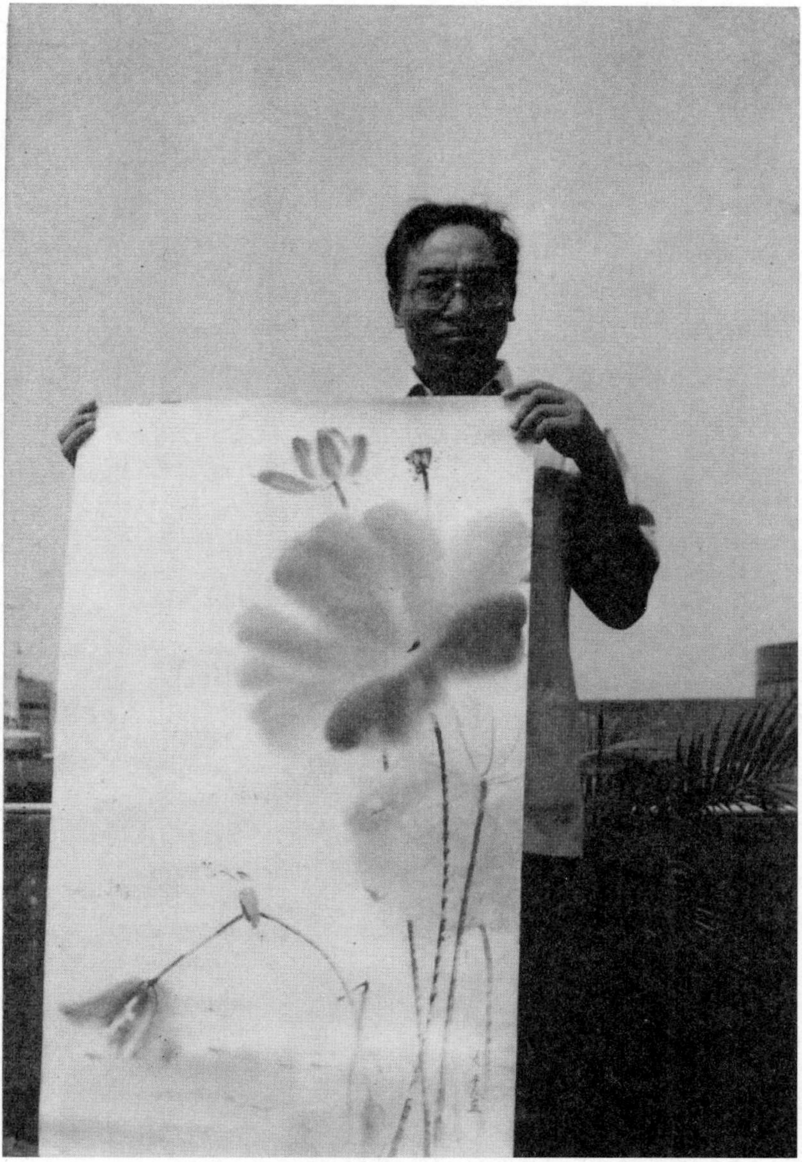

文霽先生和他畫的「荷花」

她是水彩畫家文霽的學生，這是否真實或杜撰的故事，那就不得而知了。

由以上種種的情形，使我想到文霽的水彩畫之所以受到不同階層如此多人的喜愛與重視：一方面如馬教授對他的觀察和評論，他的專注與執著，創造了良好成就；另一方面應該因為他的畫正如他的人，我想，凡是認識文霽的朋友，都會敬佩他那份真誠、自然、厚實的良好品德和性格，因而他的水彩畫所呈現的畫面，也是結構踏實、佈局嚴謹，充滿著安定、寧靜、和諧之美。

其次，文霽雖然具有魁偉豪邁的身材，但個性柔和、行動從容，說話不疾不徐、中肯有力，而作畫的態度尤其認真，我曾和他有幾次到野外寫生，看到他那股為畫所投入、毫不保留的心力。記得有一次在火炎山寫生、天氣燠熱，陽光強烈，他雖然汗流浹背，但毫無倦容，一直在愉悅中，揮舞著那支彩筆，筆力雖極為雄勁，但色彩卻平和溫潤，洋溢著一片蓬勃的生命力。

最為人樂於稱道的是，文霽從事繪畫創作多年，一向維持著自己獨有的風格，他不譁眾取寵，也不隨波逐流，對朋友，不論地位、畫藝高低，一視同道，沒有分別心，對繪畫創作也無派別和成見，坦坦蕩蕩，默默耕耘，因而他的人和畫，渾然天成，散發著質樸、信任、和諧希望和溫馨。

原載：「藝術家」雜誌八十八年四月第二八七期

以足繪出好畫的張惟德

在我出版的「孫康珍藏書畫集」中，曾選有以口及以足所畫的四幅水墨畫；一幅為阿偉以口畫的「壽菊」，一幅為韓國人吳順伊小姐以足所畫「清風徐來水波不興」的山水畫，另兩幅均為張惟德小姐以足所畫，一幅為「桑枝息鸚鵡」及一幅「紅牡丹」。

這四幅畫，在我所收藏二百多幅名人書畫中，不但毫不遜色，而且最具有不凡的意義，前三幅畫之「壽菊」、「山水」及「鸚鵡」，係他們舉辦畫展時，我在畫展中所訂購，而「紅牡丹」一幅，則為張惟德小姐在「榮光團契」聚會中，發表演講及揮毫義賣時，由我所購得。

這件事要回到十多年前來說，那時我尚未退休，我們服務的單位，有數十位篤信基督教的同仁，當時組成了一個以榮光團契為名的宗教團體，他們簽請獲准，利用中午一個小時的下班休息時間，邀請一些名人或牧師在我們單位的大會議室演講或證道，初時，團契中有幾位年輕而熱心的小姐，如齊錫錡、朱英，常常熱心的邀請我參加，我因不是教友，而且中午又有午休的習慣，故婉謝了她們的好意，後來她們想出了一個變通的說詞，說一般的團契或佈道，那就不請我，可是如果邀請了名人來演講，那一定希望我參加，以分享她們的喜悅與祝福。

後來邀請了曾做過財政部長的王建煊先生演講也證道，我準時參加，有一天又邀請了國際口足畫會台灣分會的負責人、非常有名的張惟德小姐，不但演講還要當眾揮毫，齊、朱兩位小姐非常興奮的將這個好消息告訴了我，而且一再的叮囑要準時與會啊！

張惟德小姐推展口足畫會的活動，我早有所聞，而且他們每年春節及母親節印製寄來的精美卡片，我均以我女兒之名義，按時將款項劃撥出去。但與張小姐從未見過面，更未聽過她的演講，所以那天我很早就到了會場。

張惟德小姐先講她個人的境遇與感想，其大意有下面三點：第一、以她個人的親身體驗與經歷，天生殘障，不只是自己內心會感到悲傷畏縮，而且還更會受到少數人的歧視欺侮羞辱，自己如不堅強忍耐，只會痛苦流淚非但沒用，而且其命運將更難以彌補。第二、她天生喜歡繪畫，想學素描之時，教授素描的老師惟一的條件是要她先去教堂，待她去了教堂之後，方發覺與繪畫並不衝突，反而更感到心安和快樂。第三、走路上樓有時要依靠電梯，如缺電停電，那就要靠上帝，換句話說也就是靠自己，只要自己盡了心、盡了力，別人是否給予肯定並不重要，而重要的是自己要肯定自己。

張小姐說這些她個人的經歷和境遇，一直非常平和，即是說到有一次坐計程車，那位司機，不僅不給予協助方便，還乘其行動不便，予以不禮貌的動手之時，也未顯現怨恨之情，僅說這個社會有光明的一面，也有黑暗的一面，人也是一樣，有善良的，同時也有心懷不軌、作惡多端的。

張惟德小姐係因出生十六個小時之後，身體發出莫名的高燒，家長遍尋名醫救治無效，而造成終身癱瘓，致而雙手完全不能操作，而改由雙足代替，儘管如此的不幸，而她仍靠著堅強的意志力與忍耐力，完成了復興商工美術科的學業，順利畢業。

然後就是當眾揮毫了，我看到張惟德用腳執筆、調顏色，乃至蘸彩、蘸墨，均有條有理，毫不紊亂，不像我一幅作品畫下來，桌面上搞的亂七八糟，至於她所畫之牡丹，不但構圖新穎別緻，而且色澤鮮明亮麗，把牡丹花之嬌嫩表達的淋漓盡至、可圈可點，雖然是即興式的揮毫，而又是在眾人圍觀之下，仍然是一幅不可多得的畫作。

揮毫完成收筆之後，張惟德將此畫捐出義賣，以義賣所得充作「榮光團契」活動之所需，並以平價金額作為底價，團契主持人宣佈之後，或許參加聽講之觀眾均為行政人員，沒有這項經驗，也或許為中國人之老習慣，畫都是叫人送的，哪有用錢買的觀念所影響，幾百位觀察，竟無一人回應，一時之間，大會議室寂靜下來，沉默久久，我覺得我有責任，也有心願，隨即舉手說：「此畫我買，所訂底價太低，畫家太謙虛了，我自願加三倍。」一時之間觀眾報以熱烈掌聲，並聽到有人詑異的說：「怎麼，他自己會繪畫，為什麼還要買畫呢？」

張惟德知道我買她這張畫而且加價，也非常欣喜，並願與我合影留念，沒過幾天，她又透過團契主持人齊錫筠小姐，加送了我一幅畫，並謙虛的表達說那天因場地不太習慣，畫未畫好，再加送一幅畫，以作為補償，而且畫幅也較大，花朵也加多，由此可以看出她的心地是多麼純潔而善良。

事實上，我買她這幅畫，絕不是同情，也不是一時的情緒作用，而是基於同道的相知相惜，而更大的原因，是作為我自己今後的惕勵之鑑，人家行動不便用腳會畫出這麼好的作品，而我們身體健全的人的成績又在哪裡？還不值得反省、努力和學習嗎？

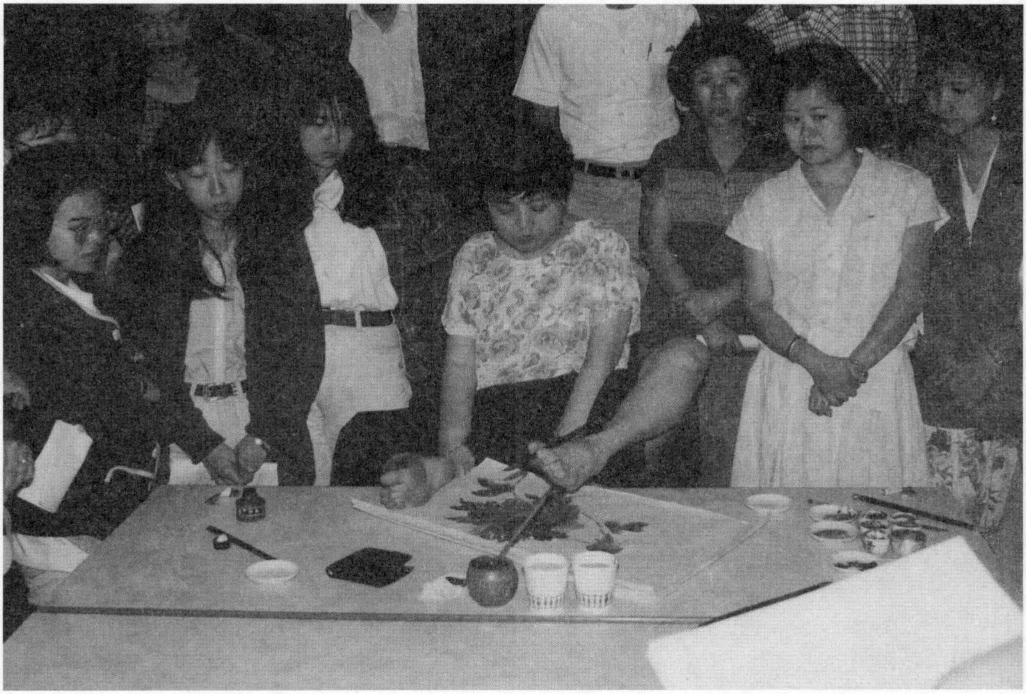

張惟德小姐於「榮光團契」聚會中以腳畫好一幅「紅牡丹」

天馬畫派傳人孫晉卿的畫馬

我國宋朝大詩人蘇東坡在他一篇論畫詩文中，曾說：「論畫以形似，見與兒童鄰。」國畫大師齊白石在他自己的畫幅中，亦常題：「作畫妙在似與不似之間；太似為媚俗，不似則為欺市。」這在在說明一幅好的畫，必須從形似之中解脫出來，創造出另一番意境，方為上乘之作。

以畫馬而言，當今畫馬者不乏其人，有的偏重於形似，有的以筆墨見長，吾友孫晉卿兄，謙謙君子畫馬名家也，晉卿天性純厚，出生於山東省嶧縣，現居台北市芝山岩山莊，幼年時即有濃厚的繪畫興趣，來台後公餘之暇，先從許海欽教授習游魚，復從天馬畫派大師葉醉白將軍畫馬，二十多年來，朝夕鑽研，日益精進，被人奉為天馬畫派的傳人。他的畫馬，隨心而出，隨筆而運，在有意或無意之間，信手揮灑，或奔騰昇躍，或縱姿不羈，或顧盼自若，或昂首長嘯，不拘形而有形，不刻意表現什麼，而卻意象神韻具備。因之晉卿之畫馬為人喜愛而爭相收藏。

民國八十八年（一九九九）的四月，我們「齊魯五友書畫會」，為景仰馬英九先生的正直廉能，及高票當選台北市市長，即特由晉卿繪製巨幅「氣壯山河百駿圖」致贈，以表達慶賀之意。該畫現懸掛於台北市政府大廳，深獲市民、觀眾好評與讚譽。接著二〇〇一年四月，「中國・東阿曹植學術國際研討會」，「齊魯五友」應邀參加，為對大會表達祝賀之意，再由晉卿繪製巨幅「百駿雄風圖」，並由我補配遠山、原野、樹木，再由孫紹誠兄撰詩：「百駿雄風天地間，氣壯山河越重關；大義千秋鴻圖展，馳騁萬里牧野還」，最後請書法大師王旬琳先生題記，該畫長二十尺、寬為五尺，裝裱後至為精美，特別致贈大會留念。二〇〇二年四月「海峽兩岸文化交流」在北京八達嶺山莊舉行，晉卿應全體與會人員之邀請，繪製巨幅「百駿圖」，並請丁華永兄補景後，再由參加聚會之海峽兩岸近百位名書畫名家簽名，再由定敏題頌為「龍馬精神」，以致贈名政論家愛國老人丁中江教授，表達敬意，此畫頗受丁教授之喜愛，除即以裝裱高懸於客廳，供訪者觀賞並予解說此畫之緣由及其意義。

同年秋，晉卿應邀赴洛杉磯訪問，並於十一月九日及十日在華僑文教第二服務中心展出其大作七十餘幅，其中按時令月份、配合馬之匹數所繪製之十二幅駿馬圖，並分別題名為：單騎赴會、雙駿圖、三劍客、四騎士、五虎上將、六軍齊發、七俠客；以及八方風雨、九龍並出、十全圖與百戰榮歸、群雄畢至等，尤具特色與新意，其展出盛況空前，極為成功，當地多家電視台及報紙紛紛予以報導。

晉卿近除勤習各體書法，並深入研究馬之德性與內在精神，更設班授課，藉以傳承天馬畫派，前往從學者甚眾。

孫晉卿畫的天馬

孫少懷的空間設計之風格

孫少懷是我的兒子，有一天，他要請我到他所設計的一家飯店去吃大閘蟹，也順便看看他為這家飯店設計的幾間貴賓室，我自然非常高興，一來是我雖然吃過不少的螃蟹，無論是在台北或在紐約、佛羅理達、舊金山，可是吃所謂的「大閘蟹」，還是生平第一遭；二來是在此以前，他曾向我介紹過他在這家飯店房間之設計，裝飾有他去畫廊買的幾幅半抽象的水墨畫，當初聽說他要買別人的畫，我和定敏均有些疑惑、但卻說不出口，為什麼不用爸爸的畫呢？後來他媽媽還是忍不住，利用旁敲側擊的方式，不露痕跡詢問了他，他說：「爸爸的畫不符合我設計的風格。」聽了這樣的答復，我一則以喜，一則以憂；喜的是，兒子能堅持自己的設計風格，不為親情所影響，維持其專業、敬業的精神，是一件好事。而憂，實在說也不能稱其憂，應該是我自己的反省吧！自己的畫風，可能已不合時代潮流，與時代脫了節，或者所畫的畫火候還不到家，兒子只是說不出口而已；

如果因為是畫風，那倒不要緊，因為畫風是見仁見智的問題，可是如果自己的畫藝尚不成熟或不到家，那就真的值得反省和檢討了。

到了飯店先去看他將買的那幾幅畫是如何運用的？首先發現他所買的畫相當的不錯，雖然是半抽象、半具象，但仍然是有筆有墨、有渲染、有意境，他把原畫先分割再放大，然後再精裝並使其離開壁面，此一「以小見大」、「以點顯面」之手法，不但別緻、高雅，而且醒目之間仍有朦朧之美，使人見後頗有超品味之好感，應該是非常成功的，對他不選自己的畫，不僅釋然而且欣然。

或許少懷對不選自己爸爸的畫，內心也有些歉然，為了彌補此一不得已的做法，他特別請他母親寫了一首李白的「將進酒」，裝裱後懸掛在進門玻璃窗內，我們看了都曾會心一笑，表示自己的兒子並沒有忘記我們。過了沒有多久，他為一家日式料理店設計，大門之上要懸掛一個招牌「薰」字，他讓我和他母親分別寫一幅，最後他說「爸爸寫的造型比較美」，而用了我寫的那個「薰」字，並把這個字放大做成立體，高高懸在大門入口處之上，非常的壯觀令人耳目一新。

今年（九十三）總統選舉，發生了兩顆子彈的事件，令人疑惑，鬧的沸沸揚揚，在幾十萬人一場抗議要求真像集會之中，歌者羅大佑說出了一句非常有智慧的話：「不要藍綠只要黑白。」這句話的含意，大家心知肚明，都知道說的是什

孫少懷於九十二年（2003）3 月爲萊嘉樂義大利餐廳完成的設計

孫少懷所速寫的丹麥一城市

麼意思。少懷多年來的設計，無論中餐廳、西餐廳、日式料理店，乃至公家辦公廳、個人高級住宅等，大多都也是採取單純、醒目、潔淨之色系，黑白之調就是其中之一，並均獲得客户的肯定，設計界的好評。

近幾年，許多有關空間設計方面的書刊雜誌都曾訪問過少懷，對他採取單純的概念，均予以詳細介紹及肯定，民國九十一年三月，一家「田園城市文化事業有限公司」出版一本非常有份量的名為「十人」的書中，介紹孫少懷時，就有下列兩段的文字：「孫少懷之所以喜歡作餐飲空間方面的設計，因為他覺得空間可以與社會一般人對談，可以讓更多人直接體會到好品質空間的愉悦感。」「孫少懷的多種設計，有種強烈現代感，雖有著後現代主義簡潔的傾向，但卻有多元美學與不拘泥於其形式材質的自由揮灑，簡潔的現代化，又同時含有人性的溫暖愉悦的個性。」這些好評與讚譽，自然是他多年的努力與表現。

其實，回憶孫少懷的上學讀書，也並不是一帆風順，小學時由於喜歡畫畫，對功課較疏忽，不過他小學時所畫的一些人物造型與比例之精準，到現在我也畫不過他，初中時他參加台北市全市美術比賽，曾獲得第二名市長獎。

大學入學考試，考了二次才上榜，初為氣象系，上了一年再轉入商業設計系，大學畢業之後，我介紹他到我的朋友、名設計家郭叔雄博士的設計公司去打工見習，郭先生曾留學日本與德國，溫文儒雅，是非常有修養、有品味的一位學者及東海大學的教授、設計家，更巧的是他的兒子與少懷是小學時代的同學及好友，有一件事說出來可以提供有子女的父母作參考，當少懷還是小學時，因為上課不專心，愛講話，有幾門功課不及格，令我煩心，有一天我與郭先生談起；他說：「你的兒子幾門功課不及格，而我的兒子六門功課全不及格，我既不煩心也不擔心，而且小孩愛講話總比不講話好，只要他身體健康，行為觀念正確就好。」當時我帶著含有不認同的口吻回他說：「怪不得你能獲得博士學位。」前些年聽郭先生說：他的兒子現今已是非常有名汽車設計師，原在美國底特律一家大汽車公司任職，後來被日本以超高薪延聘，這時我才想到當年他的想法與看法多麼有遠見。

少懷在郭先生公司打工見習期間，見到一張現代主義建築大師柯比意所設計的椅子，那張椅子極度的簡單，卻又非常舒適宜人，因而引起他對現代主義的好奇。於是一九九三年去紐約入普萊特學院讀研究所時，就改習室內設計，普萊特學院在全美非常有名，擁有多位大師級的設計師及大畫家，孫少懷在那裡認識了同班同學我現在的兒媳黃惠萍小姐，兩人共同研究，並參與丹麥設計大學的交換學生課程，及走訪許多歐洲國家，一九九五年我第二次去紐約時，看了他和惠萍所作的畢業設計論文和設計畫圖，覺得少懷的作品較為新潮、超現代化，而惠萍的論文和設計則較為細緻。

研究所畢業獲得碩士學位後，少懷曾在紐約逗留了一段時間，並出入高級餐廳，試圖瞭解紐約的上流飲食文化，並親身與餐廳工作人員談論紅酒與飲食，觀察整個空間的設計，與經營管理的理念與細節，體會餐廳文化精髓的所在。

民國八十五年（一九九六）年，少懷由美回到台北，曾於幾家設計公司擔任設計師、主任設計師，復於民國八十七年與惠萍設立「一式空間設計室」迄今。

他常說：他所設計的餐廳，不只滿足了視覺與實用的需求，而在經營上也都能成功，這樣的能力，其實多歸功於那段時間沉浸在紐約許多高級餐廳的觀摩和親身體驗而所得。

這時我才想到，怪不得那時我付出了他那麼昂貴的學費，少懷對我說這些學費就把它當作對他的一項投資吧！現在，看到他在多方轉折之後，總算找到自己興趣之所在，以及從事他自己最喜歡的工作和事業，也就心安不必再說什麼了。畢竟一個人能從事的工作，又是自己的興趣之所在，這是最大的幸福，如今他快樂的發揮其所長，享受工作及自己的設計成品，我想我們的投資還是值得的。

孫少懷於九十一年（2002）一月為中國電視公司業務部完成的設計

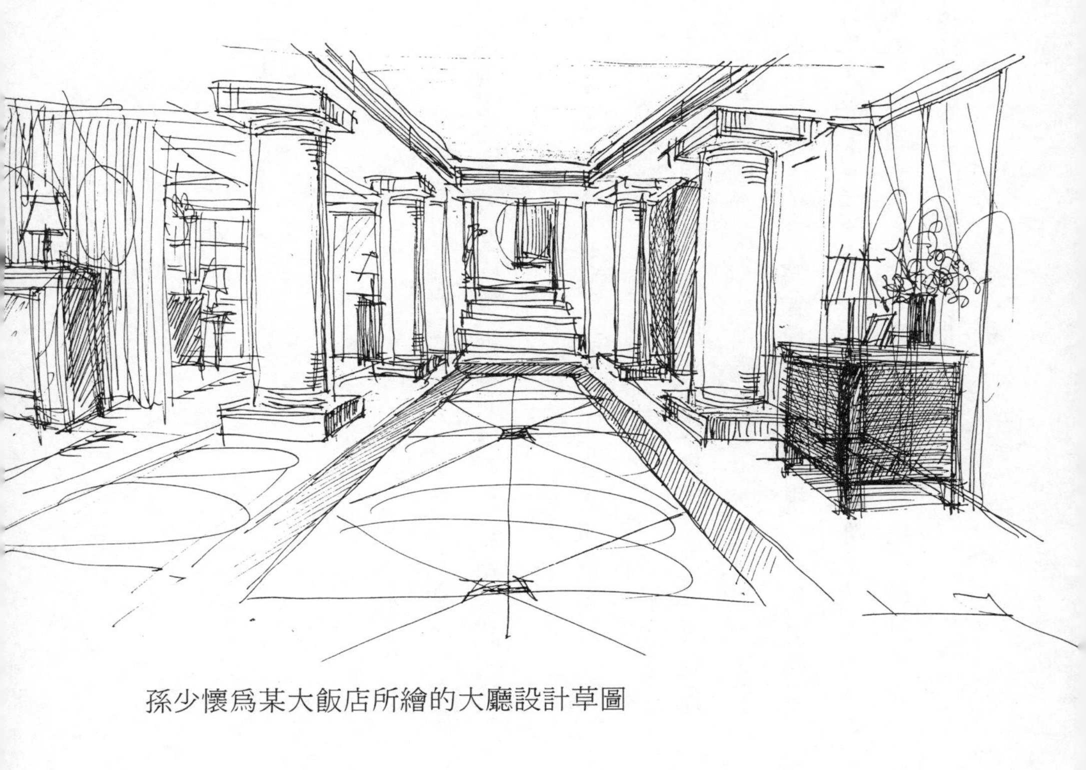

孫少懷為某大飯店所繪的大廳設計草圖

漫談「文化交流」

近些年來，無論在國內或國外，都有不少有關書法、繪畫方面的學會、畫會、書畫會等相繼產生，由於這些書畫會的產生，間接的也盛行起舉辦文化交流和文化觀摩等許多活動起來。

我自己參加的畫會不多，不過參加的文化交流活動卻不少，而印象最為深刻、場面最大、成效最好的有下列兩項文化交流；一是民國八十年（一九九一），我們參加好友國畫大師李奇茂兄所組成的「中原新春雅集」，在上海與當地書畫家，作文化交流與觀摩，那天首先由奇茂兄作揮毫示範，然後再由上海書畫家中派出一人同樣揮毫，其他人員在旁，均聚精會神、摒氣凝視，看到他們二人有的是大筆落紙盡情揮灑，有的則是斟酌再三較為細密，各有精妙之處呈現，全場人員都充滿了期待與會心微笑，認為不僅是一大饗宴，而且從他們起筆、構圖、用墨、運筆之中，還可以獲得將來自己作畫之參考。

另外一項是一九九二年，我們在日本古都鎌倉作「華、日文化交流」，除了有書畫、茶道觀摩，專題演講、同樂晚會之外，尚有一項最為特殊的，就是選定我國大詩人杜甫的一首「春望詩」作詩、書交流，由日方一年長的大詩人擔任詩之朗誦；另由我方請定敏執筆書寫，兩方同時合作，同時進行，一時之間詩聲與筆勢相互輝映，與會人員，不僅可以聆聽忽急、忽緩、忽抑、忽揚詩之朗誦之聲，同一時間，更可以觀賞到筆走龍蛇書寫詩詞之美妙，實在是數百與會人員一大享受，並切實收到了相互交流、交換心得、文化交流之實效。

不過目前一般的所謂文化交流，名義上雖然說是交流，但實際上卻是參加人員單方面的各自揮毫，既收不到相互觀摩、相互學習之實質效果，也未獲得彼此的誠摯溝通與評論，徒然僅是一種形式的彰現而已，甚感遺憾。

以我個人參與的實際經驗，深感文化交流之成功，在於良好的氣氛，親切熱烈的互動以及相互觀摩，擷取對方的優點。而且除了畫會與畫會之間，團體與團體之間之外；個人或友朋之間的交流同樣重要，如最近我的一位好友呂定邦兄，就是因為看了我的「康莊紀事」一書，隨而興起了「有為者亦若是」的想法，而將自己平生的境遇及感悟，以「如烟往事」為名，出版了一本自述式的傳記，不僅圖文並茂，而且情真意切，頗受歡迎，這就是由於友朋之間的交流而所得。尤

民國八十一年（1992）「華日文化交流」於日本古都鎌倉市舉行之盛大場面。

其他這本「如烟往事」，一定要我為其畫幅紅梅，以象徵其堅貞，並請定敏為其書名題署作為封面，印成之後，大為歡喜，看到他滿足與奮的笑容，我們也同感欣慰，分享了他的喜悅。

還有一件事也值得一敍，就是遠在桂林的一位朋友莫恂飛教授，他是一位專業畫家，無論水彩、水墨都有很高的成就，平時我們常以書信往來，討論和交換繪畫心得，他並多次托朋友帶來畫作相贈，年前他在桂林不遠之大圩古鎮，漓江之畔，建構了一座五層的樓房，作為自己的工作室，並請定敏為其書寫「莫恂飛藝術工作室」，以作為樓名，定敏原未允其所請，因為莫先生自己的書法也寫得很好，可是經不起他

多次的堅請，終於為其書成，在他收到之後，除了連夜雕刻，並來信說：「馮老師為我寫的工作室牌名，太精采了，厚重又大氣，又有節奏感，是一幅難得的精品」，這也是友朋之間因相互交流而始有此佳話。

再有，就是現居四川重慶奉節縣、我五十多年前初中時期的同學李寶文兄，時有詩詞、散文佳作寄我欣賞，並交換寫作心得，抒發心靈之所感，實在是人生一大樂事。

文化交流應是多方面的，猶記二〇〇一年五月，我參加山東濰坊地區一場文化交流活動，在會中認識了濰坊地區的名書法家張慶義先生，他的字蒼勁中而帶瀟灑，受到大家的喜愛，他

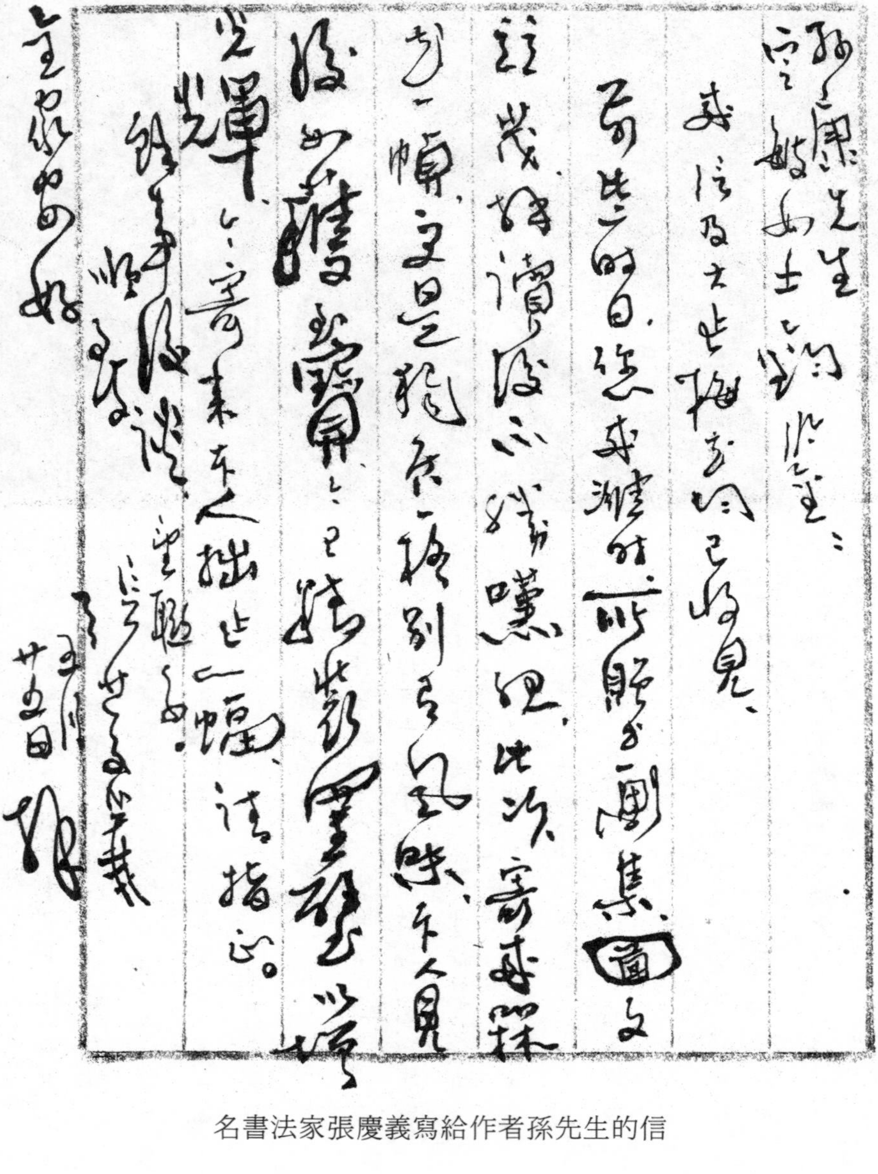

名書法家張慶義寫給作者孫先生的信

不停的寫，他也不停的說，說出自己的筆法、結構和對書法的觀點，他更慷慨的將作品送給喜歡的朋友，他的態度和藹親切，語言誠摯中肯，在用餐時還不斷來往於各席次之間，流露出歡愉之情，散發著大藝術家飄逸的氣質，我有感於他致贈我和定敏一幅法書，特別以拙作「孫康珍藏書畫集」一冊及一幅小畫「紅梅」回贈，不意猶蒙其來信致謝，從前面他寫給我的這封來信，你可以看到他的用筆是多麼的恣意揮灑，流暢飄逸之氣，勃勃躍然紙上，彷如一幅疏密有緻的文字畫，而詞句典雅，意摯情切，益令人敬佩。

這些多種不拘行跡的方式交往，才是真正有意義的實質文化交流。

呂定邦所著「如烟往事」之封面，由孫康插圖馮定敏題署

蕭紀書爲貧困學子奔波不遺餘力

最近這幾年，我經常會接到定居美國休士頓的蕭紀書大哥的來信，而每次來信都會附帶一些當地出版的剪報，剪報中的文章，有的是老年人怎樣保健，有的是藝文活動，更有的是批評時政、月旦人物，但較受人關切而令人感動的是他和一些朋友對中國大陸清寒學子給予獎、助學金的義舉善行。

我認識蕭紀書、張嶺梅兄嫂已經二十多年了，紀書兄為了紀念養育之恩的慈母，在台北曾設有一座「慈暉畫廊」，那時我們在那裡舉辦展覽、聚會、辦活動，以及接待歡迎外國來訪的畫家，因此大家經常相聚在一起，一九八七年我們「慈暉畫會」應邀赴韓國訪問及展覽，就是由蕭紀書大哥擔任領隊。

有過很長的一段時間，他家請了一位很會做菜的廚師，那位廚師所做的菜肴比任何大飯店都高明、都好吃，尤其是那時我們都尚年輕，活力充沛旺盛，而蕭大哥又好客，因此我們經常在他府上飲酒、吃飯，記得飲酒最豪邁、來者不拒的是曾做過金門防衛部副司令官的劉樹屏中將，但也曾有滴酒不沾，以拾荒所得購大部頭書分贈世界各大學、圖書館，鼎鼎大名的王貫英老先生，他只吃一碗炸醬麵即可，不論什麼人，大家到了蕭府，都會有賓至如歸的情懷，毫無拘束之感。

民國七十七年我於台北市黎明藝文中心，舉辦「美國之旅」水彩畫展時，蕭大嫂除了送我禮金，蕭大哥當時還於家中設宴為我慶祝，並邀請了為我主持畫展的名畫家梁中銘教授伉儷，藝文中心主任也是名畫家的曾宗浩兄、我的好友企業家劉哲基兄，以及中國廣播公司名主持人韓靜燕小姐等，極為愉悅歡樂。

由於蕭大哥之子女均在美國，再加他對台灣目前社會亂象政局不安，已決定留住美國，他曾多次邀請我夫婦前往他環境優美的寓所住一段時間，只是我為瑣事所絆，迄今尚未成行。蕭紀書大哥應該是一位傳奇性的人物，他幼年孤貧，抗戰從軍，於軍旅十多年之中，原本一路風順，迭次調升，不意由於部屬所犯一件嚴重之錯誤，而受牽連遭到處分調職，退役之後，上無片瓦之覆，日無隔宿之糧，淪入失業、借貸無門居無定所之困境，曾撿過攤販不要的菜，養過雞，也嘗試為人畫像、做畫工，並推銷過玻璃畫，可以說艱辛備嘗，愁苦度日，但由於其與生俱來不服輸、不認命的個性與勵志，再加經過軍中長年的薰陶，而終把逆境化為順境，以後做餐廳主持人，做日入萬金建築公司的董事長，設置慈暉畫廊、慈暉圖書館及招待所，創造了個人的光明前途，為廣大社會服務。

其實蕭紀書的成功，也不僅是只靠不服輸堅強的個性，而還有其更多的成功因素，譬如他天性仁厚、資質清純、清廉耿介、一絲不苟，具有經營理念，富於創造進取的精神，以及一步一腳印、穩紮穩打的風格，講求誠信、失落時不氣餒，成功時不傲慢，對部屬如家人、對員工如手足，我親眼看到，他對曾跟隨他多年的員工，贈予大廈樓房每人一户，以安定其生活，員工子女教育費、購置汽車、以及患病所需費用，公司均給予資助，另外並定期舉辦海外旅遊，包括員工及其眷屬，以慰勞其辛勞，調劑其精神，活潑其身心。因而獲得員工的向心力。

另一方面，嶺梅大嫂，由於出身望族，受過良好教育，貞順溫良賢德俱備，在家庭處於艱難失意時，她不怨天也不尤人，同甘共苦，對先生堅強的予以支持，而在得意順境，猶如平常，無論對朋友、對員工均和藹可親，待之如家人，雖然事業忙碌，但對五位子女之養育亦從未疏忽，二男三女，個個氣質高雅、誠懇篤實，並分別完成高等學業，創業有成，由於嶺梅大嫂之盡心盡力，而使紀書大哥無後顧之憂，此亦為他成功最大因素之一。

由於蕭紀書長年之奮鬥成功，發揮了退役軍人在艱困時益為奮鬥之精神，並樂善好施、宏揚文化，對眾多退役袍澤之協助、安置更不遺餘力，因而曾當選為

蕭紀書榮獲教宗若望保祿二世頒授爵士勳章後與夫人張嶺梅合影

輔導會所舉辦第九屆十大傑出榮民，並蒙行政院長接見，接受隆重的表揚。

還有從民國四十三年至六十七年（一九五四——一九七八）他擔任明華建築公司董事長二十多年期間，對天主教之多數建築之承建，包括天主堂之活動中心、中、大學之新建工程以及各地修道院之重建工程等，均本天主教徒服務教會之宗旨與立場，而不計代價，品質第一，即偶爾遇到物價波動，亦從不要求追加預算，因而輔仁大學校長羅光總主教，有鑑於他對天主教會各項工程之承建，犧牲奉獻，貢獻至大，遂將他的優良事蹟報至羅馬教廷，旋而奉羅馬教宗保祿二世頒授「西渥斯騎士勛爵」，並於民國七十六年（一九八七）元月八日由羅光總主教在輔仁大學之輔園代表教宗授予證書及勛章。此為蕭紀書一生之中最大殊榮。

其後，蕭紀書於民國七十八年（一九八九）首次返回故里河南省上蔡縣，以及以後定居美國，迄今十五年來，除了繼續他的繪畫、展覽之外，就是積極籌劃、實踐對大陸一些貧困學生之資助，除了興建多所中、小學校、多所圖書館以及修橋拓路之外，並以自己繪畫、自己裝裱製框義賣所得、及其他方式籌得之款項，每年均幫助二十名家庭清困之大學生，每位資助人民幣五千元，數年下來，接受此項資助者已逾百名。除了他自己以身作則，鍥而不舍之外，蕭紀書並不斷的呼籲其他同胞、友人，慷慨解囊，捐助有心上學而家庭清困無法上學之學子，使他們得以順利完成學業，因為他想惟有把人民教育程度提高，才能使國家進步，也才能使社會繁榮，家庭安定，由於他的熱心而登高一呼，受其影響者大有人在，我就是其中之一，因而與我們禹城旅台十位同學、同鄉，從今年起就與家鄉一重點高中「禹城一中」訂定了「故鄉情獎、助學金實施辦法」，每學年資助三十名家庭清困，及成績品學兼優之同學。

蕭紀書雖然身在國外，但對國家大事仍極關注，血濃於水，其愛國情懷絲毫未減，今（九十三）年三月率領眾多家人返回台北，參加總統選舉投票，表達自己的理念，惟看到太多的混亂、不當現象，而曾生無限感慨，不過他藉此返國機會與眾多好友得以相聚，認為是平生一大樂事。臨返回休士頓之前一日晚間，又偕嶺梅大嫂親臨我家話別，並主動要求吃地瓜稀飯及蔥油餅，那天陪同來我家的，還有我們共同的好友名水彩畫家宋建業兄，直到深夜才依依不捨，話似乎還沒說夠，才分手返回他們所住的招待所，並相互期勉，繼續努力，多所保重，一位八十五歲，白髮蒼蒼高齡的老者，曾向命運挑戰的勇士，而仍具有年輕純潔、奮發不懈、昂揚的勇氣，以及一生之中一直抱持著悲天憫人、關懷弱者善良的心，並切身力行對貧困者給予援手，真是令人敬重，令人感佩。我有如此好友感到莫大欣慰。

研發「能衛康」成功的劉哲基

二〇〇四年十二月十三日，經濟部在台北市中油公司大樓，舉辦了第一屆「國家認證金牌獎」之優良服務 GSP 授證大會，在台中的好友劉麵包公司董事長劉哲基兄前來受證，我很榮幸的陪同他領取了這燿熠發光，具有「金字招牌」盛譽的證書，此一證書，由於係由國家認證，審核評定極為嚴格，能夠獲得肯定殊為不易。劉哲基是我多年的朋友，說劉哲基這個名字，你或許還未曾聽說過，可是如果說「劉麵包」，相信你就不會感到陌生了，從民國五十年到今天，在這四十多個年頭之間，「劉麵包」一直是為人們津津樂道和稱讚的人物，不僅他的麵包糕點事業，蒸蒸日上，受到大家的肯定，而他所寫的「為健康而吃」一本書，到今年（二〇〇四）九月已印行了第十五版，這就足以說明他的這本書是如何的受到社會人士普遍的珍愛和受用了。

本來嘛！健康應是人人均所希望和追求的，人生在世，任何事都沒有比健康來得重要，正如他在本書「序言」中所引述聖經「路加福音」第九章二十五節所說：「人若賺得全世界，卻喪失了自己，賠上自己，有什麼益處呢？」可是我們怎樣才能夠追求到健康呢？有關此一人生最重要的課題，論述者多矣，有的強調端賴醫學進步；有的說要有規律的生活及良好的習慣，還有的說要靠運動，攏攏總總不一而足，但是注意飲食營養，卻是大家共同認為最重要、最不可不知、最不可不予重視的，而這在「為健康而吃」一書之中，均有週全的敍述與說明。

「為健康而吃」這本書，封面係由台灣大學生化教授董大成博士所題署，全書分為七章，包括：正確營養及飲食觀念、預防重於治療、均衡營養、保健基本要道、董大成博士與「能衛康」、「能衛康」和一般胚芽食品有何不同。以及心理健康及生理健康之關係、學者名人的推荐、麵包與健康、劉麵包經營食品業的秘密與理念，劉麵包事業邁入四十三週年等，共二百四十篇節。

看了上面所說的本書內容，我想大家一定對書中提到的董大成博士，發生了興趣，何以他與「為健康而吃」這本書有如此密切而不可分的關係呢？大家都知道，董大成博士是名教授、是名醫生、是生化學專家，中外有名，他為國民健康，多少年來孜孜不斷的奉獻研究，付出心力，並倡導預防醫學，強調食物療法，以及研究出疾病起因大都是由於營養失衡，其次還實驗雞母珠抗癌，發現鳳凰豆之營養價值等，不僅早已受到國人的敬重、感佩、信任與讚譽，而且為醫學界所肯定。

至於董大成與「能衛康」的關係，這必須回朔到四十多年前的五十年代說起，那時有美援學童營養午餐，對於這有益兒童健康的營養午餐，在國內因係創舉，尚無例可循，因此有關機關就委託「劉麵包」提出計劃與做法，其所以委託「劉麵包」提出計劃的原因，是因為「劉麵包」的工廠製造技術都引用科學方法，而且製作的麵包、食品均符合國際標準，已受到食用者普遍好的口碑。

劉麵包接受此一委託之後，自然是非常慎重，並立即多方尋求資料，徵求意見，並承南投縣草屯國小林貴添校長之介紹，而北上請教關心國民健康、名重杏林的董大成博士。當董博士聽取劉麵包說明來意之後，除指導學童午餐要注重營養均衡之方針外，並勉勵所有從事食品事業者，不應偏重於盈利，而應著眼於國民之健康，把推行社會福利工作，作為自己之使命與責任。

劉麵包聆聽董博士之期勉後，內心深為感動，想到自己早年久經戰場，在槍林彈雨中九死一生，如今除慶幸自己尚存活於世之外，並決心為國民健康而貢獻心力，以及念茲在茲，鍥而不捨，不斷研究，終於在董博士細心指導之下，研究成功以小麥胚芽作原料，它是天然的，是沒有任何人可以配製的一種食品，它的名字就叫「能衛康」，這就是董大成博士與「能衛康」的緣源。

「能衛康」中的Ｅ，是保衛健康的Ｅ，它率領著人體所需要之維他命礦物質微量元素，武裝細胞，因而任何病菌均不敢超越雷池一步。至於「能衛康」中的Ｂ含天然維他命之Ｂ群，則是可燃燒多餘脂肪變成活力，有調整內分泌，改變體質，且有立竿見影之效。因此劉哲基希望消費者均能認清品牌，並期盼其他胚芽食品製造者，也能夠製造合於標準，有益人體健康的食品，共為人類健康而努力。

「能衛康」自研究成功上市以來，獲得食用者普遍熱烈良好的反應，其中有大學校長、教授、醫生、牧師、學校老師，以及作曲家、廣播經理、銀行經理、警官，當然還有許多的一般市民、工人、學生，他們公認食用之後，增加了體力與活力，改善了許多原有病症，最顯著及成效最大的，是多年的便秘，獲得立即改善的成效。因而有的來信感謝、有的在自己著作之書中引證、有的致贈感謝狀、紀念牌等。劉哲基說，他不在乎生意之好壞，也不在乎別人是否讚譽，所在乎的是能夠改善人的體能，促進人的健康，就是他衷心所願。

前面多處都說到「劉麵包」，「劉麵包」這三個字，不僅在台灣很響亮，大多數人都知道，在台中可以說人人都知道，而且在青島、在美國也很有名，說他是人名那就是劉哲基先生的代名、外號；說他是公司名稱，那就是劉麵包工廠。

説到這些因緣與起因，就不得不回顧，從民國五十一年説起，那時劉哲基剛從軍中退役，一時找不到工作，有位加拿大的傳教士建議他代買代送麵包給外僑，賺取點小利以維生，後來他自己又加入代送雞蛋；代送聖經（我就曾受他之委託在台北代購幾本聖經過），我每次到他家做客，就看到哲基兄嫂，把買來的雞蛋先行洗乾淨，甚至於用酒精消毒後，再送到外僑家中電冰箱內，他的這份敬業，用心和耐心，深為外僑所敬重，於是駐台美軍進一步協助劉哲基自己設廠，製造合乎國際標準麵包，美軍醫生並為其命名 Liu's BAKERY，直譯為劉先生的麵包，簡稱為劉麵包，或劉先生的麵包廠，漸漸的許多客户也跟著叫他本人為劉麵包。

我與哲基兄相識相交已逾半世紀，他的成功、成名，自然有多種因素，不過其中三點我想是最大的原因：一是他是一位虔誠的基督徒，為人正直、謙虛又任勞任怨、富有愛心、同情心，在四十多年前，工廠初設仍極艱辛期又繁忙之際，每年春節前夕，他仍不忘舊識，對較為清困之同鄉、朋友、同事，還逐户送包麵粉，予以資助，使處於困難環境之朋友獲得不少溫暖。

其次是他具有百折不撓，在艱彌厲、愈挫愈勇奮鬥的軍人精神；自設麵包廠以來，無論建廠初期之困難，以及中期之挫折，均絲毫未動搖其再接再勵向前邁進之信心，終於獲得成功，為「有志者事竟成」，這句話作了見證與註腳。

劉哲基、蔡秀蘭夫婦攜帶能衛康於華盛頓國會大廈前留影

孫康、馮定敏夫婦於美國旅行時與劉哲基、蔡秀蘭伉儷（右）一起用餐時留影

再就是他具有天生俱來的服務熱忱，誠心的成就別人的歡樂：以我親自所見之一、二為例，就可以瞭解他的熱心助人，不分人，不分地區，記得是三十多年前的一天，我自高雄搭乘火車返回台北，途經台中火車站停車時，在月台上遠遠看見哲基兄扛著一口大皮箱，後面還跟著一位老太太，我正好奇，心想那位老太太是他什麼親人？沒想到上了火車之後問明原由，原來他與老太太沒有任何關係，也並不相識，只是路見老人家扛著皮箱非常吃力，心感不忍而主動予以幫助而已，那時他已是劉麵包廠的大老闆。

第二件事，一九九五年我第三次去美國佛州旅遊時，有一天與哲基兄在一家飯店用餐，鄰桌有二十多位美國青年也在餐敘，他們好像是在辦慶生聚會，哲基兄特地主動前往為他們表演了一段魔術，以增加其歡樂氣氛，一時博得大家哈哈大笑，熱烈鼓掌，頻頻致謝，這種與人為善，把快樂送給別人的修養與功夫，自然會結交很多朋友，贏得眾多人的好感與信任。

哲基兄還有其他方面很多的優點，如時時寫日記，數十年如一日，從未間斷的恆心，主動向人問好，表達友善，最難得的有錯勇於認錯，並立即改正，絕不狡辯護短的美德，這些不是任何人都容易做得到的，因此，我們說他的成功絕不是偶然的，付出真誠與勤勞的人，必會有豐收。

青年企業家劉成民一步一腳印

二〇〇一年的四月，我們組成「齊魯旅台同鄉文化訪問團」，先到濟南、陽信、惠民、淄博、濰坊、青島、臨沂、台兒莊、濟寧、菏澤等十多所城市訪問，並作文化交流，然後再應邀到東阿參加四月二十四日到二十六日所舉行的「中國・東阿曹植學術國際研討會」，二十六日研討會圓滿閉幕結束，訪問團晚間回到濟南「明湖大酒店」，由於多項活動均已完成，即時宣佈解散。參加人員自行安排自己其他活動。

第二天，我初中時期的同學丁廣慶（現改名為丁諾）偕同他的好友劉成民先生到酒店來看我，並接我去較為清靜、居室也較寬敞的「郵電培訓中心」所設的招待所，劉成民是一位青年企業家，是「濟南中科綠色生物工程公司」的總經理，但是在他身上所看到的則是受中國傳統文化所孕育出的一位誠摯、穩重、仁厚而親切的青年，絲毫沒有「總經理」的架子，初次相見即留下非常良好的印象，同時我們也間接的認識了他的胞姊劉玉琴小姐，劉小姐同樣風度非常優美，親切熱誠，是處事細膩而圓融的一位非常精明幹練的現代女性，在公司襄助其胞弟劉先生，他們姊弟手足情深，個性心向一致，兩人對我和定敏的關切、照顧更是無微不至，使我們內心至為感動而溫暖。

四月二十八日，我的兒子少懷在上海考察後，要到濟南與我會合，他想隨同我回禹城孫橋老家看看，認識認識老家環境，這是他第一次返鄉省親，他從上海搭乘的飛機到達濟南的時間，是晚間八點多鐘，劉成民先生偕同他們公司的王維國主任前往接機，接到少懷之後再來接我和定敏已是九點多鐘了，並即刻去千佛山上之一家飯店晚餐，這自然是他特別刻意安排的，我們開車上山時，不僅千佛山上的興國寺暮鼓已打過很久，而且遊人也早已各自散去，千佛山一片蒼茫，還起了一層層白白薄霧，顯得格外沉寂寧靜，彷佛已經進入了睡鄉，可是我們在這家飯店一個面臨群山角落的閣樓所透露出溫暖的燈光，以及室內沒有寒喧、沒有客套的溫馨話語，杯盤交錯之聲也極輕微，從晚九時多到深夜十二時過，不但沒有破壞了山中的寧靜，反而猶如「群仙山中把酒話舊」，或者詩人墨客徹夜共吟，憑為這座聖山多了一份仙意和詩情，由此可以看出劉成民這位青年企業家，非但具有企業經營管理之長才，而且還有詩人一般的意趣與高品味的涵養。

劉成民先生常常向朋友們表白，他沒有太多的企圖心，這可千萬別誤會他說這句話，認為他沒有積極進取的精神，相反的更證明他是一位穩紮穩打、一步一腳印、苦幹實幹，事實求是的好青年，甚為企業人的楷模。因此，他所經營的「中科綠色生物工程公司」，業績日益興盛，讚譽頻傳，年年盈利上升翻轉。二〇〇四年五月，我再度到濟南，與上次相見已過了三年，劉玉琴、劉成民姊弟盛情依舊，依然邀請夜間去千佛山山頂的飯店餐敘；還邀請了我的同學丁諾、王靜伉儷、以及我的侄孫孫健夫婦一同作陪，而在去飯店之前，並請我和定敏先參觀了他的總公司，我們到每一部門，每一部門的工作人員都是笑容滿面、謙和有禮、秩序井然，即使是我們隔天去野外大門牙村採杏，他所派的司機劉先生，亦是服務週到親切而熱誠，這足以說明，他的為人以及他人性化的領導，已深深影響了他所屬的所有員工。

最使我們感到汗顏的，是我早前送給他的一幅「紅梅」以及定敏所寫一幅我讚美農民之詩的書法，已精裱高高懸掛在他自己總經理辦公室中，而我們在參觀他們公司其他部門時，發現有比我們所寫所畫更好的書畫作品，此亦說明，他是多麼重視我們之間的友情，及對我們之尊重，同時也可看出他以「人」為重，以「物」為輕的人生價值觀。這或許就是他渾厚的天性使然，以及事業成功的最主

孫康、馮定敏伉儷與劉成民總經理（右）合影

要因素。

劉成民所主持的「中科綠色生物工程公司」，成立於一九九八年八月三十一日，工廠設在濟南附近的郭店，而總公司則在濟南千佛山附近，是經國家批准的國家定點農業生產新興企業，產品採用最新科技方法，其生產的農藥與傳統生產的農藥大有區別，既不會影響人類包括動物的身體，也不會污染農作物之土壤，因而符合現代社會的要求，以及普遍受到廣大農民的歡迎與使用，目前行銷市場已遍佈全國一百多個城市，北到黑龍江、南到海南島、西到新疆、東到青島，相信不久的未來，將更擴展至海外全球各地，我們期待著那一天早點到來。

建立新的飲食文化刻不容緩
——「舌外品味」一書讀後感

二〇〇四年的初夏，我返鄉探親之後，抵達濟南會友，六月四日，我的朋友青年企業家劉成民總經理邀請晚餐，晚餐前並先行到他主持的「中科綠色生物工程公司」參觀，在那裡遇到也是被邀請前來作客的山東省政協朱銘副主席，三年前由我的老同學丁諾兄介紹而認識，三年之後，再度相逢，倍感親切，並承蒙他送了我一本他的近作「舌外品味」一書。由於當時客人眾多，一時不及翻閱，以後的幾天，因我仍在客次之中，友朋交往頻繁，依然抽不出時間拜讀，不過，從本書淡雅別緻的封面設計，以及書內有類似豐子愷畫式的插圖，我猜想大概是有關藝文或民間藝術活動方面的一本大作。

及至回到台北，就迫不及待的取出來細讀了，不讀則已，一讀就難以釋手，恨不得一口氣把它讀完，因為書內各篇不僅文詞千錘百鍊、優美雋永，而所舉所談之事，更是鮮活風趣富有藝趣哲理，篇篇引人入勝、令人咀嚼回味無窮。

「舌外品味」全書分為兩大部份，共計六十六篇，第一部份「老饞論藝」五十四篇，均從吃說起，再由吃論藝，應為本書之主題。第二部份「序與論」之十二篇，係作者為書畫院校作品集，及為多位藝術家之創作、展出寫序、寫論，應屬附著。

雖然本書書名為「舌外品味」，而其實似乎也沒忽略了舌內，因為全書各篇之中，幾乎把中國幾大菜系一一說完，從魯菜說到川菜，從江浙菜說到粵菜、北京菜，從「喝湯」到「吃餃子」，從「臭豆腐」到「狗肉上席」，從「食與色」到「後現代之飲食文化」，從燒烤到蒸、到餾、到燉、到涮，從吃相張牙舞爪、狼吞虎嚥，到縮頸而啜、三扒兩咽，無所不包，無所不談，而又無所不論。這就是表面上看來是談吃、談食物、談烹調之術，而其最終目的，卻是藉著這些表相，而引伸到藝術法則與理念上去，藉著飲食界的形形色色，而來教化社會、教化人心、教化人們應有怎樣的生活觀念與品質，其引喻之生動、用心之深，令人印象深刻而感佩。

以藉著食品之色、之味來論藝術應有之法則來說，從看到一碗不起眼的「羊肉泡饃」所呈現泥土般的灰色，而聯想到色彩學的重要性，畢竟人類不是僅僅把食物填飽肚子就算是生活，它還應該提高心情的愉悅，精神的滿足，我們中國不是老早就強調食物要「色、香、味俱全」嗎！想想看一隻薰烤得焦黃的烤雞，那是多麼令人垂涎、食指大動啊！如果把這隻雞，烤成綠色或藍色，想必一定會減低了食慾、一定是非常掃興的事。再說人們平日的生活或活動，不是都喜歡活潑的、亮麗的、熱情的、喜悅的紅、黃暖色系統嗎？而冷色系統藍、綠的顏色，總是會讓人感到寂寒、沉默，那灰土色更不用說了。

還有，從一道「冰糖肘子」一味的甜膩，而聯想到無論任何事、任何物、任何活動，一旦陷於單調的一味、一色、一音、一言而執一不化，那麼就不再豐厚繽紛、不再多采多姿，就會淪落入貧乏、無趣，因此，美學上的多樣而統一，應該是普世存在的價值與規律，更是藝術創作必須遵循的不二法則，無論詩歌、戲劇、尤其繪畫莫不如此，以舉世皆知的大畫家梵高之畫作中，就可以看出多樣又統一色彩之可貴和可愛。

食物烹調之中所強調的火候，對現代從事繪畫藝術朋友們，有絕對參考的價值，現代所流行的速食觀念、一夜成名的想法，是極為愚昧不智的，也永遠不會成功。「菜如果燒不爛，煮不熟就端上來，誰吃？」記得從前有一項國際烹飪名家競賽，主事者請參加者用最簡單的語句說出一道菜如何燒得好，它的原因在那裡？有的說「要材料好」，有的說「調味料的搭配」，最後一位說是「火候拿捏得準」者被評為第一名，因此，「火候」對藝術創作者而言，更是非常重要，功夫不到是不會有好的作品的。

其次，作者提醒藝術家一定要堅持自己的理念，不可隨俗，像時下的粗俗飲食文化，更不可媚俗，在「龍鬚鳳爪」一篇說：「就是那老老實實的藝術家，也都把譁眾取寵投人所好，當做是撬開名利之門的棍棒，像老北京天橋街頭賣膏藥的藝人一樣，聲嘶力竭的拚命耍弄著。」這幾乎是目前普遍的現象，如長此一往，人們將不再視藝術為藝術了，就會把藝術家看作江湖式、工匠式的藝人，甚至於輕視看不起，對此，從事藝術創作的朋友們，應該牢記在心而戒之。

不過持平而論，也不能全怪藝術家不能自持，這應該歸罪於整個社會的粗俗沉淪現象所致，舉目所及，一些不堪入目的粗俗表演，不僅媒體大肆報導，社會轟動，負責社會教育的當權者也聽而不聞，視而不見，再看一些辛苦多年執意創作的藝術家，不僅其用心血完成的作品無人重視愛惜，而其人更若與世隔絕，看不到他的存在，藝術家們沒有舞台，沒有窗口，久而久之，於是耐不住寂寞和被冷落，就走入世俗的市場，淪落如雜耍式的表演，這固然是藝術家的悲哀，對這種錯亂的價值觀念，整個社會，包括每一個家庭成員，對此均應該有所覺悟和反省才對。

倡導新的飲食文化，也是本書重點之一，尤其對目前整個社會在飲食方面，普遍所呈現的一些陋習惡行，均一一予以嚴正的指正和勸勉，像國人牢不可破「吃啥補啥」的舊觀念，像喜吃野生動物、飛禽走獸之外，還有昆蟲、蠍子、蛆蛹、蟒蛇、麻雀、果子狸等，去（二〇〇三）年世界發生非典型肺炎，一度傳說為果子狸惹的禍，一時之間大家視果子狸為禍首，不敢再養再吃，可是時間一久，早已忘得一乾二淨，依然故我。最近我看電視一個「大陸尋奇」節目，有一省一道名菜，是把一大盤活蹦亂跳的魚，放入滾燙的油鍋內油炸，有好幾分鐘的時間，還可以看到魚兒在油鍋內掙扎翻騰，像這樣野蠻式的烹調，還稱作什麼名堂的美食？

不過，飯店供應這些飛禽走獸、爬蟲之野味，也不只是在大陸和台灣，最近我看電視新聞報導，在日本以及東南亞好幾個國家，都也有炸麻雀、炸蠍子等，並名為「風味餐」供觀光旅行者享用，我想改變這些飲食界以及人們喜吃野味的陋習，不是短時間，或者少數人的呼籲可以收到成效的，而是依賴人們的體悟和反省，因為現在已有多種食物可以提供，實在沒有再所謂的「野味」之必要。

對人們在飲食方面的奢侈和浪費，我想作者最為在意和難以釋懷，在「吃在中國」一篇中，說到「吃，最可怕的是浪費，在飯店客人們叫的菜，根本吃不了，一小半也吃不了，為什麼要那麼多？」我問過服務員，「吃不掉的怎麼辦？」服務員說：「倒掉！倒掉！」

這種情形，無論在北京、在台北，可以說司空見慣，大家何以如此？初時我百思不解，與北京及台北的親友討論：「這種浪費現象是何種心理造成？」北京的親友說：「擺譜作祟。」，而台北的朋友們則異口同聲的說：「還不是死要面子作怪。」這種虛浮不實的意念，是否該改了吧！

在另一篇「餅論」中說：「你如果抽一個夜晚到一個城市的豪華飯店，看幾個『包間』，那裡的污穢、骯髒、醜陋、庸俗，幾乎令人窒息，這在在說明國人在飲食文化方面所呈現的負面，呼籲國人應立即摒除陋習，將飲食文化導正。」儘管這樣大聲的急呼，但說者諄諄，而聽者仍是藐藐，前幾年曾經有人憂心的指出：無論在北京或在台北，飲食業的這種普遍的浪費吃風，每年不是吃掉一條高速公路，就是吃掉一座水庫。但時過境遷，國人依然如故，甚至於今更烈，這種浪費陋習，不僅是暴殄天物，而是一大罪惡。畢竟自然的物質是有限的。

書中當然也說到我們中國人的許多優點，如老祖宗留給我們使用的筷子、毛筆深厚的文化等，不過國人其他方面，尤其生活飲食的陋習惡行還很多，在這篇短文中，是無法一一列舉的，希望國人都能徹底深思、反省和覺悟，真正做一個現代的中國人。

總之，這本內容豐富、立論正確、趣味橫生、包羅萬象的「舌外品味」一書，作者如沒有豐富的人生閱歷、沒有敏銳的觀察力，沒有深厚的藝術素養，和正確符合時代精神的理論基礎，以及沒有人文哲學思想，沒有民胞物與、維護人類、社會善良的心，是寫不出這樣有見地、有品味移風易俗的一本好書的。值得大家來看，更值得大家省思。

孫康、馮定敏伉儷（中）與「舌外品味」作者朱銘先生（右）及老同學丁諾先生（左）合影

把溫暖送給榮民袍澤的文教服務組

二十多年前，我所服務的單位，為了實際需要，特別設置了一支由二十四位儀態端莊，而服務親切熱忱小姐們所組成的隊伍，這支隊伍，它的正式名稱為「榮民文教服務組」。

文教服務組的成員，必需的條件是要來自退除役官兵的家庭，而服務的對象也正是她們父母的袍澤——廣大的退除役官兵，這彷若一個大家庭的分工，以晚輩來為長輩服務，我曾有幸擔任這群成員進隊的考試評審及督導她們的工作，由於想進入這支有紀律、有活力隊伍人數太多，所以每逢招考均多達數百人，因而考試要求極為嚴格，考試的條件除了學科，還包括儀態身高、語言應對，最主要的更必須個性柔順、謙和、親切服務主動熱忱而具愛心。我們之所以嚴格要求這麼多條件，因為她們入隊之後所服務的對象，都是一些年老、孤寂、病痛、貧困的退除役袍澤及其眷屬。

二十四位服務隊員，平常分為兩組，每組十二人，相隔一段時間服務對象輪流更換，一組赴榮民就養之榮家及榮民就醫之榮民醫院作宣慰、服務工作，另一組赴各眷村宣慰及舉辦文教活動。到榮家及榮民醫院這一組服務的項目，除了一般的向年老、有病的榮民爺爺、叔叔、伯伯們噓寒問暖之外，還包括床邊閒話，聽取他們沒有家人、親人可以傾訴所透露的心聲，使他們的內心話，得到有人傾聽和相同感受的安慰，另外代他們書寫書信、意見建議事項之反映，舉辦座談會，協助宣慰單位舉辦慶生會或同樂晚會，參與唱生日快樂歌、表演餘興節目以及分送蛋糕等，有時也會組隊與榮民員工所組成之籃球或槌球球隊舉辦友誼賽。

由於文教組小姐們，個個多才多藝又能歌善舞，親切和靄，服務不遺餘力，因此，無論醫院的病房，榮家的大禮堂、大宿舍、大廣場樹蔭之下、荷花池邊，處處都有他們活躍的笑聲細語，為無數榮民袍澤帶來了無限的歡欣與喜悅的精神食糧，充滿了大家庭的溫暖與安慰。

另一組赴眷村之服務，項目更多，大家都知道二十多年前，全省幾百個眷村，生活、環境條件普遍落後，因此榮民文教服務組就有圖畫、書刊、文物展覽，如「成語故事」、「動物世界」、「動物奇觀」、「科學家的故事」、「國家建設」、「安徒生童話」等，這些在偏僻的眷村，許多兒童是不太容易看到的，因此非常受到眷村小朋友們的歡迎，其次還教導小朋友們歌唱遊藝或跳土風

榮民文教服務組與中廣「松柏村」節目主持人韓靜燕小姐（中）於榮家合影

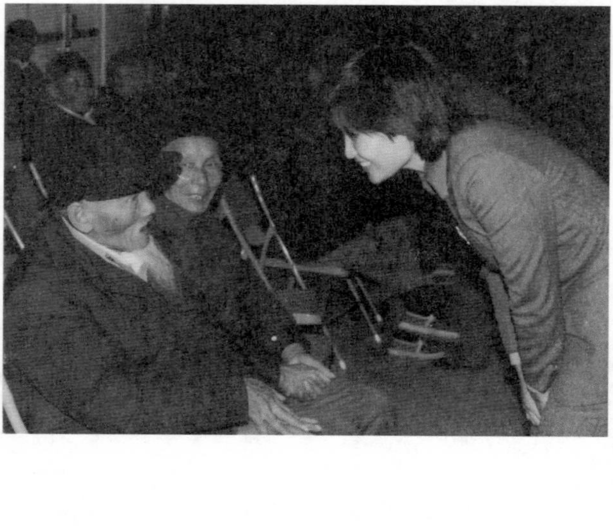

文教服務組小姐慰
問年長榮民爺爺

舞，歌唱有「忘憂歌」、「當我們同在一起」、「我們都是好朋友」等；土風舞之外，另有「兔子舞」、「七步舞」、「蘿蔔蹲」等。因此文教組的成員一到，小朋友就蜂擁而包圍。使整眷村洋溢著歡樂的氣氛。

除了這些，還有電影欣賞，以及家庭訪問，在家庭訪問時，除了告訴榮眷如何做家庭計劃、如何教育子女等之外，就是瞭解榮民袍澤的家庭狀況，如發現有的家庭面臨著災害困難時，除了向有關單位反映，請求給予濟助之外，有的隊員天生善良，每當看到年邁力衰、晚境孤寂的老太太，同情之心不禁油然而生，竟然難以控制而撲向老太太的懷中相擁而泣，哭後除了代表我們服務單位致贈慰問金，還有的自己掏腰包相贈，使平日孤寂無人問聞的遺眷憑添無限的溫暖，而露出安慰的笑容。淚是情感最誠摯的表達，也是情感最真實的流露，因為在淚的光影裡，可以看到人的內心深處。

文教服務組這種視病、視孤猶親的優良表現，就如冬日和暖的陽光，把溫暖送給生活清苦的，有病痛的，年老而孤寂的，使他（她）們獲得安慰和鼓勵。

文教服務組，是一支別開生面的隊伍，更是一支人性顯現的尖兵，雖然所説這些都是二十多年前的舊事，但仔細想想，不論哪個年代，對年老、貧困同胞之服務和宣慰，仍是極為需要的。

郎靜山大師的風趣與幽默

多年前，我因職務與工作的關係，有幸與國寶級、舉世有名、活到一百〇四歲的攝影大師郎靜山老先生時常接觸請益，我承辦的業務有時邀請眾多之畫家、作家及攝影家赴所屬各單位訪問，每次郎老均在列，另外我也曾多次單獨陪他個人前往風景名勝或附屬單位拍照，日子久了，相處時間多了，對郎大師的風範行誼、智慧幽默和風趣，所知就漸漸多了起來，因此，我曾將他與文友「吃甲魚」的對話，以「趣譚」發表於中央日報的副刊，另以郎大師的「養生之道」也寫過一篇專文，收錄在我「談天說地」一書中，在這一篇文章中，郎大師兩句名言：「對別人的得意之事，要樂觀其成；對自己得意之事，要順其自然。」令人印象深刻，說明郎大師之心胸寬厚。

郎大師曾在南橫公路發生過極為嚴重的車禍，在那場車禍之中，不幸奪走了與郎大師同車的三位傑出青年，其中一位是醫院的院長、一位曾獲金像獎的攝影名家，事發之後，新聞媒體上說，他們所乘的大型驕車在翻落五十公尺以下的山谷之後，由於郎大師坐在縣府秘書小姐懷中，因而只受了點輕傷，我在他受傷之後，曾與定敏前往探視，在踏入他的家門，心想對這場車禍他一定非常感傷，怎樣安慰他才好呢！卻沒想到，他仍如平常一般談笑自若，反而安慰我們不要難過，而對他幸運的逃過一劫，並未喜形於色，對是否如媒體上所說因坐在秘書小姐懷中，有小姐阻擋了撞擊而僅受輕傷之事，也未多作解釋，直到數年之後，民國八十二年（一九九三）我們於國父紀念館中山畫廊舉辦「寇培深師生梅花畫聯展」時，郎大師以一百零二歲之高齡，被邀請為貴賓致詞時，才說：「數年前我在南橫公路發生車禍，媒體上說當時我坐在秘書小姐懷中，這並非事實，而真實的情形，是秘書小姐當時是坐在我的懷中。」此語一出，引得滿堂哄然大笑。

令人大笑敬佩的還不止這一件，猶記民國六十八年（一九七九），那年郎大師已八十八歲，我們附屬幾個生產單位，為著對外宣導需要拍些有深度、有藝術意境的照片，特請郎大師前往拍攝，由我奉陪，有一天我們去桃園工廠拍照，中午該廠羅廠長是一位空軍退役少將轉任，邀請我們午餐，大概羅廠長為了對郎大師表示敬意，那天打破了平常招待客人用餐都是廠裡廚房自做的慣例，而特別請了一家飯店到廠外燴，派來服務的小姐看來也滿機伶利落，開飯時，郎先生忽然說：「早上孫先生派車來接我，我一急就忘了戴假牙，因而肉食或較硬的菜就不能吃。」，我們正要想告訴廚師做些較易嚼食的菜餚，不意，派來服務的小姐搶著說話：「老先生，沒關係，我可以把食物嚼爛咬碎，像媽媽喂嬰兒一樣嘴對嘴來餵您。」這突如其來的一招，不知是她看到郎老先生太可愛了，還是她本身教養不好、專業不夠，才說出這樣沒大沒小，嚴重失禮的話，這不但令做主人的羅廠長錯愕難堪，而隨同奉陪者的我也有點生氣，心想飯店怎麼會派這樣一位過份放肆的服務人員？就在大家還不知如何接話的剎那，郎大師卻心平氣和，似乎一點也沒有不悅、或感受到不禮貌情緒的干擾，竟慢慢的說：「小姐的口水，不但有營養，而且還可以消毒。」全桌默然一笑，這段鬧劇很快的就結束了。事後，我想這幾句機鋒的對話，沒有深厚的修養，沒有敏捷的反應與機智，是無法想到或說出這樣智慧而幽默的對話的。

最使我難以忘懷，覺得有些疏忽的，是有一次我和郎大師到福壽山農場去拍照，一位榮民的太太，大概太景仰郎大師了，特別提了一小箱蘋果要贈送給郎大師表示敬意，郎大師欣然接受，並請我為他們拍照留念，當時我一高興，忘記了一位八十八歲的老先生，如何接住那重量最少也要十多公斤的一箱蘋果呢？結果他硬是接住了，也拍入了鏡頭。

郎靜山大師拍攝景色之神態

我們在福壽山探幽尋境，郎大師跑上跑下健步如飛，我卻心驚膽跳，深怕萬一他老人家跌跤，摔出大毛病，對這國寶級的家人以及廣大社會就難以交代了！結果我們是在非常順利、愉快之下，回到台北。

懷述「彩墨巨擘」馬白水教授

四十多年前，我們去「白水畫室」向馬白水教授學習水彩畫，他不疾不徐、不厭其繁，輕鬆而風趣的教導我們。不斷的指點：「色彩要一大塊、一大塊，結構要具有音樂性、建築性、節奏感。」；四十多年以後，他簡明扼要的這幾句話，仍然是印象深刻。

民國八十八年（一九九九）十月，國立歷史博物館舉辦「彩墨千山」馬白水九十回顧展。十月二十日我前往參觀，並拜訪馬老師，並轉達住在南投中興新村的水彩畫名家，也是他的學生文霽兄之提議，及委託我籌備為老師舉辦一次歡迎慶祝餐會，請老師給個時間，我將此意說明後，老師也許畫展太累了，或者畢竟已是九十歲的年紀了，這次並不像以往那樣立即應允，而笑著對我委婉的說：「吃飯太耽誤時間了，還是請大家利用難得的寶貴時間多繪畫，請轉告老同學們不必隨俗。」

那天前往參觀的觀眾絡繹不絕，有的是老師的朋友，需要一些時間寒喧問好；有的是他的學生，也有的是慕名而來向老師請教一些作畫上的問題，老師似乎應接不暇，難得抽出一點休息時間，不過他在這麼繁忙之下，還是想盡辦法為我在他出版的畫集中簽名留念，當時他非常神秘的拉著我向廁所方向走，我初不解其意，問老師為何要到廁所去？他才輕聲的告訴我：「請我簽名留念的人太多啦！因為力不從心，我均一一婉拒了，你與我關係不同，所以要到廁所來簽，否則讓別人看見，那就麻煩了。」隨後在畫集的封面上寫下了這樣的詞句：「孫康同學同道同賞，馬白水一九九九、一〇、二〇于台北。」一位九十歲的老畫家赤子之心，仍充滿了兒童的稚趣。

這是他最後一次返台，也是我們最後一次會面。在以往他每次回來，我們早年在「白水畫室」跟他學畫的一些老同學，都會舉辦餐會或茶會歡迎他。記得民國七十一年十一、十二月間，他去美定居近十年之後第一次返台，除了舉辦一次大型演講會，並在「春之藝廊」舉辦了個人畫展，那次我個人特別在「天廚大飯店」設宴歡迎他，並邀請了名畫家李奇茂、張光正兄嫂、何肇衢、何恭上兄弟等作陪，隔了幾天我又請他利用晚間時間，去我的藝專同學陳水發畫室為數十位畫家作專題演講，在演講之前，我和定敏先請他去另一家以做小吃出名的「天廚別店」去晚餐，那次老師興緻特別高，好像是小籠包子、蔥油餅與小米粥等吃的比我還多，除了這些，他還要我為他安排到「清境農場」去寫生，等我協調安排好之後，大概因為是初次回國太忙了，而並未成行，因此，在他回到紐約之後，特別於一九八三年二月寫了這封信給我：「康弟賢伉儷：過年好！今天賀年，似乎早了點兒，可是又擔心這個書信代表，不會準時到達，但願牠能在除夕之前，到您的手上。」「這次台北之行給您們的打擾，實在太大啦，清靜（境）農場並未成行，可是好像比眞的去了，給您的麻煩還大。加上讓您們一再奔跑及那麼大的請客，並認識了那麼多的畫友，眞是從內心裡感謝與不安，好在我們算是同道，同好一家人，所以我也就不客氣了。」「背面是曾先生爲我寫的介紹，返美後收到，他寫的非常詳實，要我自己寫我的紐約生活，也不可能這樣面面都到，故此附上，請得閒時翻閱，當會藉釋遠念，更助了解。」（註：曾培堯先生所寫「亦中亦西的中國水彩畫——馬白水的繪畫世界。」發表於「中華文藝」一九八二年十一月號。）「您二位眞的是天生的一對。怎麼都這樣的愛好繪畫呢！但願將來不久，會拜觀孫氏伉儷聯展於台北或紐約。」「內子和我，生活仍舊，是她上班我畫畫，逢假日必去山林懸崖散步，野餐。再談，祝新年如意。並煩　熟人面前問安。白水與內子同拜　八三・二。」

相隔六年之後，民國七十七年（一九八八）馬老師再度回台，想必是回台度春節，我們早期在「白水畫室」學畫的老同學，於元月三十日假來來大飯店內的「隨園餐廳」之「多利廳」設宴歡迎他回國，並舉辦春節團拜，參加的有名畫家李德、金哲夫、文霽等及我，這次他的夫人謝端霞女士及在企業界頗有成就的公子馬永樂先生也同被邀請，大家興緻極為高昂愉悅，飯後，馬老師還很風趣的說：「餐費，馬永樂也應該出一份。」

民國八十二年，那年馬老師已是八十四高齡，他又偕同夫人回台，「中國水彩畫會」的代表人舒曾祉兄通知，畫水彩畫的同道於十二月十六日，假羅斯福路的「中國文藝協會」設宴並舉辦茶會歡迎馬老師伉儷，那天參加的人有數十人，我認識的有舒曾祉、張杰、宋建業、姜宗望、金哲夫、何肇衢、鄧國清、楊信弘等，在茶敘中，油畫名家何肇衢兄發言回憶往事時，還特別說到十年前我在天廚設宴歡迎馬老師的盛會，當時馬老師夫婦聽後頗為動容，因此，馬夫人謝端霞女士還特別把紐約家的新址寫給我，並囑咐我到紐約時，一定到他家做客。

馬老師多次與我們相聚，不是告訴我們要利用時間多畫畫，多琢磨，就是提醒我們如何保健，尤其是說到散步時怎樣甩手、怎樣踢腳，高興的還示範給我們看，我們一直在想，像馬老師這樣個性溫和、心情樂觀，意念旺盛，一定是長命

民國八十二年（1993）十二月十六日馬白水教授暨夫人回國時與水彩畫會同道歡宴後合影留念

百歲，可是仍然於二〇〇三年的一月六日（美東時間）於睡夢中離開了他熱愛、他描繪這五彩繽紛的世界，享年九十五歲。

馬教授雖然離開了這個塵世，但他所留下那多幅光彩耀目、氣勢磅礴、造形大方、空間深遠、線條活潑、塊面清新，具有英國水彩畫風，亦有法國印象派感覺的水彩畫，以及進一步把西方的水彩和東方的水墨加以融合成為一體的彩墨畫，卻永遠在世間發光、發熱，影響著萬千後生。

梁又銘教授的「十全圖」與「圯下授書」

從北伐時代，到復興基地，享譽藝壇半世紀以上的名畫家梁氏昆仲又銘、中銘先生，不僅畫藝是多方面的，而且兄友弟恭、手足情深，向為社會所羨慕。

民國六十二年（一九七三）二月，曾文水庫剛剛開工期間，我有幸陪同兩位老師前往寫生，那年兩兄弟已屆七十歲（孿生），而仍如七十年前之在娘胎，兩人夜晚抱著睡覺，任憑做主人的施工處的處長齊寶錚先生勸說：「兩人一張床，睡覺不會舒服的。」仍然不為所動，笑著回說：「在娘胎已經非常習慣了，在家因為有太太，無法兄弟相抱。現在出門在外，難得的機會。」這段趣事，以後我把它寫成「趣譚」，發表於中央日報的副刊，頓時成為藝壇中的佳話。

其實，他們兄弟二人值得稱道的美德還很多，像我們在曾文寫生的五、六天之中，每晚回到招待所，在審視當天所寫生的畫作，做弟弟的中銘一定先把哥哥又銘的畫作一一擺好，讓工地許多的行政、技術人員欣賞，然後才取出自己的畫作請哥哥指導評論。而我們三人每次吃飯（我們為了不受打擾，也為了不使工地工作人員為招待我們而耽誤太多時間，我以陪同人員之身份與齊處長先行約定：不特別招待、不相陪，大家自由自在），做哥哥的又銘，一定先為弟弟夾菜，他們兄弟這份從內心自然流出的真摯情感，看在我的眼裡，不感動、不敬佩也難，據又銘老師告訴我，他們兄弟二人，一生之中，從未拌過嘴、吵過架。

兩位先生不止一次對我說，他們非常喜歡與我談笑聊天，我尊稱他們為老師，他倆卻謙虛叫我為「孫康兄」，記得民國七十一年我於台北市新生畫廊舉辦第一次水彩個展時，兩位兄弟還率領全家包括夫人、兒孫等前來鼓勵捧場，又銘老師笑著說：「你看，我們全家都來觀賞你的畫展啦！」令我又感動又惶恐。

隔了幾年，我的長官輔導會主任委員鄭為元上將，有一天要我去又銘先生家，與又銘先生商量想請他畫一幅「圯上老人授書」（即黃石公授張良「太公兵法」故事的畫），我把鄭主委此意說出後，又銘先生尚在考量之際，梁夫人在旁首先急著說：「孫先生你最好不要出題目，因為一出題目就會影響他的睡眠。」又銘先生接著說：「鄭先生也是老朋友，他任聯勤總司令時，我搬家他還幫過我的大忙，按說是應該不成問題的，不過，可否改為畫一幅「十全圖」？所謂「十全圖」即是畫十隻羊，而且「十全圖」我只畫過一幅，接著他還笑說畫了那一幅

「十全圖」所發生的一個非常有趣，而從不為人知的故事給我聽，又銘先生說：「抗戰前我在杭州筧橋空軍軍官學校任少校宣傳官，而後來做到四星上將參謀總長的周至柔先生當時為上校軍官，因為我畫抗日宣傳畫，需要較大空間，因而上級分配我一人一間房間，而周至柔當時雖然階級比我高是上校，卻是四人共一間房間，有一天周先生發覺，「梁又銘怎麼可以一人一個房間？」就不問任何緣由，也未獲得我的同意就搬來要與我同住，待我發覺房間多了一張床又沒看到人，那時年輕氣盛，不管三七二十一，就把周先生的舖蓋給丟到了室外去，待晚間周先生回到房間，一看自己的舖蓋已被丟到室外，原想與我理論，後來一想「這個梁又銘可能是個神經病」，於是不動聲色，又搬回到他們四人原來共用的房間去。

沒想到事情過了好幾十年，周至柔參謀總長已屆八十歲，幾位在空軍做過總司令的王叔銘、陳嘉尚上將等，想為周老總大壽送件紀念品，原打算請國畫大師張大千畫幅畫的，後來想到張大千與空軍沒有淵源，而後才想到曾在空軍服務的我，於是我就如前面所說的畫了那幅惟一的一幅「十全圖」。周老總大壽那一天，他們幾位曾做過空軍總司令的前往拜壽，周老總坐在椅子上，先向他們說：「別先拜壽，先看看你們送什麼禮物？」幾位總司令非常興奮的把那幅「十全圖」打開，周老總一看「啊」了一聲，自言自語「梁又銘畫的」，接著問：「梁又銘來了沒有？」幾位總司令異口同聲說：「來了，在那裡。」當時因為王老虎（王叔銘的綽號）他們都是總司令，所以我不願與他們在一起，那時只是在周老總的客廳，瀏覽看牆壁上掛的字畫與一些照片，忽然聽到周老總大聲的叫：「又銘啊！」於是我不得不立即向前並說：「周老總我給您拜壽。」，沒想到周至柔立刻說：「先別拜壽，有一件事我問你，你把我的鋪蓋丟到院子裡的事，你還記得嗎？」我隨口說：「記不得了。」周老總把聲調提高了說：「你記不得，可是我一輩子也忘不了。」，隨後還把當年我把他的鋪蓋丟到院子的事重新說了一遍，惹得幾位在旁的總司令不約而同的哄堂大笑起來。又銘先生說，其實我也沒忘記，只是顧慮周老總在眾多客人之前的面子，才說記不得了。

有關又銘先生要我回問鄭主任委員可否改畫「十全圖」？回到辦公室回報鄭先生，鄭先生說：如果可能，還是「圯上授書」較好，我不得不再去看又銘先生，這次梁先生答應了，只是與我有一個約定，我不能逼他、催他，我自然無話可說，直到又銘先生病逝躺在台中榮民總醫院的手術檯上，以及鄭先生被調升為國防部長，離開我所服務的單位，大家再也沒提起這件事。不知道是大家忘了，還是並沒忘記，只是遵守著那個約定而已。

治印　敬業　存誠　勤儉

——祝祥人如金石永垂不朽

在我的印象中，他是我眾多朋友之中，一位最快活、最沒有為煩惱所困，更最沒有心機，樂觀自在，他就是集金石、書畫、文章於一身的祝祥兄。

民國八十二年（一九九三）的五月三日，已是夜幕低垂，十點多鐘了，我與家人在閒話人生的一些境遇，及如何妥為自處之道的談話結束之後，正走入廚房再泡晚茶，忽然電話鈴聲響了，定敏接聽之後高聲的喊我：「祝祥兄的女兒——祝小姐的電話。」這一現象頗為突然，因為在我的記憶中，祝家小姐以往從來沒有打過電話給我，一時之間，警覺和思忖著：可能祝祥兄又有病了，大概需要我協助為其辦理住院手續吧。

可是怎麼也想不到，祝錦華小姐在電話中告訴我，竟是她那從來嘻嘻哈哈、從容不迫、有條不紊的爸爸——祝祥兄，已經於前一天，也就是五月二日離開了這紛紛擾擾的塵世，走向了一個寧靜、更無牽掛、更無煩憂的另一世界。

回想我與祝祥兄相交已近三十年，尤其是在我擔任「成功之路」月刊主編之十六年中，他曾多次提供作品，撰寫畫評，以及介紹我與他老師王王孫教授認識，因此交往頗為頻繁，在我的印象中，他似乎整個人永遠活在快樂之中，沒有聽他發過半句牢騷，也沒有看到他為俗事所煩，每次與他聚會或電話聯繫，他總是笑語不斷，幽默笑語橫生，最後一句話是從來少不了的：「我老鄉好不好？」因他與定敏是安徽同鄉，每次必定順便問候，即便是因病住院病癒出院回家之後，也不忘知會朋友：「我又回來啦！」

對如何學習書法及篆刻，更有他許多獨到的見解，因此他在文藝中心開的這兩門課，前往受教學生極為踴躍，多年不輟，可謂桃李滿天下，有一次我的辦公室幾位同仁慕名想請他指點指點如何把書法寫好，當我與他電話聯繫，他一口答應，可是當我們一行抵達他府上後，才知道他正罹患重感冒，飲食失調已有好幾天了，不但身著厚重的外衣，頭上還戴著一頂呢帽，這顯然他是懼怕風寒，儘管如此，但他仍不失待客之道，忙著為我們倒茶，殷勤招待，並不顧自己身體的虛累，把圖表掛好，從文字的起源及書體演變說起，再漸漸進入如何學習，一一為我們講解，而毫無厭倦之容，他那種對待友人態度之熱誠，與對書法之摯愛，使我們感動之餘，難以忘懷。

祝祥兄除了能書、能寫（藝評）、善畫以外，他的金石篆刻最負盛名，但他卻從不以此自傲自珍，閒暇或興緻來時，他會主動為朋友治印，並免費相贈，我與定敏以及少懷、少如，都有他精心刻製的多枚印章，尤其我的筆名「乃康」是他給我起的，並且還為我「乃康」二字刻了兩顆印，每當我在舉辦水彩畫展，朋友們看到畫上那耀眼的「乃康」之印，畫還未仔細看，就先問：「這顆印出自哪位名家？」

如今，這位金石書畫名家，藝文界共同的好友，連一聲「再見」都沒來得及說，就匆匆的走了，自此之後，我們再也聽不到他那爽朗的笑聲，以及病後出院而仍帶詼諧的語調：「我又回來啦！」可是他那敦厚而稍帶稚氣的面貌，以及一手拿字帖，一手扶著他那老花眼鏡、細細端詳品味文字奧妙的神態，卻永遠永遠留在我們朋友之心中。

（本文曾於民國八十二年五月載於「祝祥先生紀念專輯」之中）

「藝海輕航」念司馬青雲

司馬青雲這個人，你或許讀過他的詩詞、文章，參觀過他的畫展，或許都沒有，甚至於連聽都沒聽說過，這都不要緊，但我想對他起的這個名字，你一定會覺得滿不錯的，甚至於想像這個人必定是立志宏遠、氣概萬千。

司馬青雲是何等人耶？我曾在「藝海輕航——司馬青雲的詩書畫集」一篇序文中介紹過他，他是詩人、作家，也是畫家，他寫的詩詞、文章乃至所畫的水彩畫，都有他獨特的自我風貌，沒有嬌柔做作，更沒有無病呻吟，一字一句，一筆一劃都顯現出至性至情的情懷，親身的感悟，和對人生的嚮往。

而他的行事風格與他的書畫一樣，似乎萬事均雲淡風輕，不著痕跡，泰然自若，安於孤寂，不事酬酢，獨來獨往，悠遊林泉；他的生活更是簡單淡薄，不尚浮華，儼然如苦行僧，一般朋友除了敬佩他的自恃有恆，也往往誤解他的獨立特行近乎虛矯或高傲，可是如果從他言行舉止、為人處世，往深一層去剖析透視，那就不難理解，他看似虛矯，實則堅韌恆常，看似高傲，實則無比的謙和，甚至於有些羞怯。

對於他自己的詩詞、書法及水彩畫，他並不謙虛，他常常向朋友們宣示曰：以筆領勢，藉藝術表達人生，並自我期勉所追求的是「深造自得」，是「左右逢源」，是「士大夫之學」，是「主觀之詩人」，是「真正的藝術家」。充滿了自信、自恃的高標準。

我與司馬青雲相識於五十年前，那時他的名字叫文德英，司馬青雲之名，是他以後寫文章、寫詩詞以及舉辦畫展所用的筆名。

話向回頭説，民國四十二年（一九五三）間，我於南部一家醫院養病，那時他剛從越南回國，因病也住於同一所醫院，有一天醫院福利社掛出了他的兩幅水彩畫，一幅為風景，一幅為靜物，一時之間成了醫院眾人相傳的佳話，而當時的我，也因曾為一位洗衣小姐之祖母畫了一幅畫像，而被多人相傳，因此，由於我倆興趣相投；漸漸就成為很好的朋友。

在以後他寫給我的一封信就是這樣寫的：「邇來證知我人若干方面漸多略同之見，引爲莫大的慰悦。」「空靈的人生境界，其關鍵在不沾著，用情而不泥於情，賞物而不滯於物，有此浩浩落落的襟抱，而後扶搖順風九萬里，不致爲塵間是非恩怨，誤了前程。」「古人說：『士先器識，而後文藝。』。『藝術，不但靠感情，而且靠見識。』能駐足人天之際反照大千，『凡俗』誠有不值一顧之感。狂妄和孤傲不是每個人得之的，我人對此當知有所珍重。」「我人的論交，初由藝術愛好因緣，假退役身份又給我此中致力諸多方便。風雲欲捲人才盡，兄其有意，能於藝術嚮往上扶搖並翼一程，當令全天候友誼更增顏色。」這封信中所說的「狂妄孤傲」，我想他一定指的是在藝術創作方面而言，而不是平日與人交往處世之作為，因為本文前面已經說過，他平日與人交往相處是謙和有禮，豈有狂傲可言。

民國四十七年元月，我來台北任職，他也由南部轉來北部，初於閒散山居，後入師大國文專修科深造，以及歐洲語文中心進修，並分別於雲林西螺中學、淵明中學、新竹光復中學及桃園振聲高中任職，擔任國文及美術教師，由於他任教時認真嚴謹、學識淵博、對家庭清苦學生給予資助，表現無限的愛心，所以深受學校師生敬重與歡迎。不過他有一種閒雲野鶴及愛好大自然的習性，在擔任教師所獲得的薪資，只要能夠維持一段生活所需，就毅然辭職，任憑學校及學生挽留與懇求；也不為所動，而去過自己喜歡的山野林泉隱密生活，因此他住過宜蘭大溪的海崖、嘉義大埤鄉墳崗旁邊的竹林、雲林林內公園、台中霧峰護國寺，以及台北樹林的千霞山，這些極為偏僻而幽靜的地方，我曾一一前往探望，尤其樹林千霞山，我偕同當時尚為女友、現在我的內人定敏，在探望他山居之後，他還特別寫了下面這首詩送給我：

綠窗小拾（記事）

一

煙霞向夢京華遠　午樹歇蟬秋意深
山居柴米安排定　未約風雨到佳賓

二

趣游山徑步當足　凝翠濃蔭護小溪
幽華自具絕塵姿　阿世群芳總不如

三

拾級更上最高層　禪院梵音一滌塵
漫道情多情轉薄　多情遍愛乃佛心

四

如晦雞聲合礪劍　風雲兒女意何之
雕車鬢影皆顏色　忍記中原躍馬圖

五

蛾眉慧眼傳紅拂　青史斑斑非子虛
爭得美人具俠骨　香囊夜雨伴讀書

其實，他的山野林泉生活，看似消極隱藏起來，而實際上他更積極的開拓自己的世界，他寫詩詞、寫文章，還舉辦畫展，他研究佛學，也寫書畫評介，於報端發表，投雜誌刊登，在書畫評介方面略有：「寫在孫康兄水彩畫展之前」、「寫祝李轂摩書畫展」、「王舒水彩畫及其他」、「人體畫展如是我觀」、「從姜貴到洪醒夫」、「古寺蕭瑟」、「平凡中的絢爛」等，在論評詩詞方面略如：「擷得珠璣滿袖行」、「我的待焚稿」、「從待焚稿說到全民詩風」、「山居詩話」、「談古典詩的唱和」、「以詩致祥和」、「藥石之言」、「被冷落的至情至文」等。在論述宗教宗方面有：「學佛憶往」、「佛光照大千」、「輪迴不盡的圓」、「迴向紅塵」、「王國維論賈寶玉的出家」、「花落蓮成憶故人」、「自有仙才自不知」等。還有在我所主編的「成功之路」發表他多篇憶舊遊：「域外征衣滿塵」、「祖國無限情」、「回首灣橋」、「溪山約」、「平濬生涯」、「英雄見慣亦常人」等。

除了看書、寫寫畫畫、打坐修禪以外，就是遊山玩水，至於生活，四個字可以概括那就是「簡單平淡」，除了未著僧衣，可以説比出家人還像出家人，對於立業成家，在他眼裡或者在他的談話中，似乎看作太庸俗了。幾位要好的朋友，對於他這種「不務正業」、飄蕩不定的生活理念與方式，非常不認同，也認為有違常理，私底下均有過多議論。不過，我認為或許與他曾告訴我一件往事有關，那件往事，是他早年就讀桂林高中時，曾與一位同班的女同學建立了深厚友情，當然也包含著愛情，而那位女同學剛好是他廣西省教育廳長的女兒，因為這件事，同學們均戲稱他為「附馬爺」，而看在國文老師兼導師的眼裡，為恐影響兩人的學業，曾以類似打油詩之句，向他提出善意建言：「附馬！附馬！切勿心猿意馬！要想談情説愛，考上大學起碼。」高中畢業以後，雖然進入桂林藝專，沒想到時局逆轉，他隨軍進入了越南，這一段情感，也就沒有了下文，從以後他寫的下面這首「慶春澤」詞中，就可以看出他的內心深處，還在思戀著那位同班女生吶！

慶春澤 有贈

看罷櫻花，林園初醒，良辰好景留人。拂絮征衫，客中啼宇聲聲，天才夢誤
尋春約，心相縈，夢也相縈。識君遲；忍把心曲，埋向巉塵。

家國回首不堪問，看海天雲浪，又累紅裙。千里嬋娟，分飛音訊難憑。河山
正待英雄起！息干戈，早賦歸程。待還它，四海謳歌，共賞新晴。

對於他應該關注自己的「立業成家」大事，我們朋友雖曾多次建言，均未獲得任何成效；對於他的才情、書法、詩詞，我們只有在旁鼓掌敬佩的份兒，不敢妄言置評，因為我們朋友都沒有他的造詣之深，可是對於他繪水彩畫的作風，大筆一揮就算了事，似乎尚未完成，如果再稍加修飾，其效果將會更好這一點，曾向他提出建議與討論，沒想到他並不認同，除堅持己見，並多次反複論述：「畫之道，宇宙在乎者，一墨大千，一點塵劫，弟所告慰者，對此略有會心表現，形成如是路向而已。就事論事，在『未完成』之憾中，已達成表現胸臆意氣飛揚之使命」，「弟之作品無論優劣各點，純屬是自我的，未嘗爲他家作風所囿，我人習慣受他人影響過多，如以塗塗抹抹而爲，欲擺除之已不可能，我之所以「不計後果，純以習書法方式爲之，即深恐習慣一旦養成，改之不易改也。」「有些畫家作品看來已完成，而仍庸劣不堪，因此對若干『已到家』之作品並不激賞，這並不純然是自大狂妄。」「我想雲淡風輕的意境，是從作者本位中出來的，宇宙原來無憑準，點線皆是人定的。無論任何東西皆有其無限的一面，則雖小亦大。」「萬里歸來後，八方在户庭。對天下不會感到生疏，正如户庭一般的親

切；而對戶庭亦不會感到侷促，亦如天地一樣的清朗。」

雖然我們的意見，他並未接受，我們每次見面，仍會對「藝」對「道」反複提出討論，並對許多當代名家亦常作春秋大義之評，不過認真來說，不論是「藝」或是「道」，如離開其基本之原則與技巧，均恐將難有大成。

他曾經在給我另一封信中寫了一首七絕詩：「君以安家疏健筆，我猶雲水漫尋詩；天涯一別十年事，喚起靈犀再會師。」來激勵我們共同為藝術而努力。只可惜，往後，當我的子女稍長，重任減輕，我與定敏致力於書畫略有所成，很想與他會師舉辦聯合展覽之際，他已於七十六年（一九八七）十一月十一日離開這個塵世，在世僅五十七年，而且正如他早年寫給我的信中所說：「臨終一著，撒手便行。」沒有通知任何親友，也沒有任何留言，真正做到雲淡風輕，無怨無悔，不沾礙、不牽戀。不過，我還是與其他朋友除將他的水彩畫捐贈給雲林文化中心及老人院永久珍存外，並為他出版了一本「藝海輕航——司馬青雲（文德英）的詩、書、畫紀念集」。一方面希望他的詩書畫得以永久流傳，另一方面供他的故鄉家人以及親朋好友，藉以追思懷念。

從「七步詩」看曹子建恢宏的氣度

——參加「曹植學術國際研討會」論文

一、前言

「煮豆燃豆萁，漉豉以為汁，萁在釜下燃，豆在釜中泣，本是同根生，相煎何太急。」這是東阿王曹植（曹子建）在其同胞兄長文帝曹丕所逼迫之下，於七步之內所寫成的一首「七步詩」，千百年來，普遍所流傳的，僅是摘要其中四句：「煮豆燃豆萁，豆在釜中泣，本是同根生，相煎何太急。」

我們從這首七步詩來看，即可深切了解到曹植是一位悲劇性的人物，也可以看出他在威權相逼之下的無奈，與含悲隱忍，更可以深深體會到他在悲痛傷感之餘，還不忘以血淚交融之詩句，向世人吶喊忠告：要重視親情倫常，要有相親相愛慈悲的胸懷。

二、曹植所處的時代背景

曹植出生在公元一九二年，在他出生之八年前，即一八四年，亦即漢靈帝中平元年，曾發生過「黃巾賊」的叛亂，以及其出生之前二年的一九〇年，又發生了「董卓之亂」，由於這兩次大亂，國家社會充滿了兇暴、混亂、恐懼，無論社會和人民都元氣大傷；及至其出生後之十六年的公元二〇八年，亦即建安十三年，又發生「赤壁之戰」，在這次劉備與孫權聯軍擊潰曹操大軍赤壁戰役之後，遂形成了魏、蜀、吳，史稱三國，各霸一方三分鼎立的局面，其父曹操統治了北方廣大的地區。

讀過歷史的人，都知道三國時代，是一個混亂的時代，國與國之間，人與人之間，處處都充滿了爾虞我詐，相互猜忌、爭奪、傾壓，一切惟權和利是圖，大家不講公義、不守誠信、不論是非。因此，在我國早年曾流行和提醒世人的一句話：「老不看三國」，其原因就是惟恐世人感染了人性最壞的一面，而曹植處在那樣多次混亂、爭奪不確定的時代，自然會受到不少衝擊，純摯善良的心靈，也受到了莫大的戕傷和影響。

三、曹植的生平、家世與文學成就

曹植字子建，是曹操的第三個兒子，與他的二哥文帝曹丕為同母兄弟，他的父親及兄長不僅都有獨霸天下的雄心和慾望，而且還具有摧抑豪強的個性，以及深厚的文學修養，詩詞歌賦均有了不起的成就，尤其由於曹操愛才惜才，廣納著名文士，積極鼓勵和提倡文學創作，使當時的思想及文化，都呈現了兩漢時期迥然不同的繁盛景象，在我國文學發展史上，佔了非常重要而輝煌的一頁。

曹植由於家庭條件的優越，一方面受到父兄庇蔭薰陶感染，另一方面更由於他自己天資聰穎，因而無論詩、賦以及駢文，都有極為傑出的造詣，超出了同一時期許多的文學家，因此，許多大詩人、大文學家都一致稱讚和認同：曹植的文學成就最高，為建安之傑。大詩人謝靈運就常說：「天下才有一石，曹子建獨佔八斗，我得一斗，其餘天下共分一斗。」敖陶孫詩評云：「曹子建如三河少年，風流自賞。」陳繹曾詩譜：「陳思王斲削精潔，自然沈健。」藝苑危言：「子建天才流麗，譽冠千古。」清丁晏在陳思王詩鈔原序中，讚揚曹植的詩：「聆於耳者黃鐘之元音也，咀於口者，太牢之厚味也，耀於目者，錦繡纂組之章也，洽於心者，興觀群怨之旨也。」

曹植流傳下來的作品，頗為可觀，據四庫全書通考所載，凡賦四十四篇，詩七十四篇，雜文九十二篇，合計為二百一十篇。

四、曹植頗具浪漫情懷

據三國志陳思王傳中，對曹植之評論：「任性而行，不自雕勵，飲酒不節。」認為這是曹植的率性行為，影響了他的前途。其實，這種不受束縛，不喜雕琢、不限酒量以及獨來獨往之率性而行，正是大詩人、大文學家之特質，從他的樂府「箜篌引」中：「置酒高殿上，親友從我遊，中廚辦豐膳，烹羊宰肥牛，秦箏何慷慨，齊瑟和且柔，陽阿奏奇舞，京洛出名謳，樂飲過三爵，緩帶傾庶饈，主稱千金壽，賓奉萬年酬。」就可以看出，他對酒、對美食、對音樂、對歌舞，對與朋友之交遊，都有極為濃厚而強烈的興緻，而且毫無掩飾的一一道出，作了表白。

又如其「美女篇」中所寫：「美女妖且閑，采桑岐路間，柔條紛冉冉，落葉何翩翩，攘袖見素手，皓腕約金環，頭上金爵釵，腰佩翠琅玕，明珠交玉體，珊瑚間木難，羅衣何飄飄，輕裾隨風還，顧盼遺光彩，長嘯氣若蘭，行徒用息駕，休者以忘餐，借問女何居，乃在城南端，容華耀朝日，誰不希令顏。」這首詩從少女柔媚輕盈的體態，寫到少女滑潤細嫩的肌膚，從衣飾的華麗飄逸，到眉語眼波的光采生姿，從吐氣的香艷甜美，到引起人們的遐思、忘餐及凝視，可說句句細膩、鮮活、生動、露骨，常言道：「詩以言志，也是言情。」如詩人沒有浪漫情懷，是無法寫出這樣美妙、透人心坎、猶如眼前親目所見好詩的。雖然有人將該首詩之末端：「容華耀朝日，誰不希令顏。」以及「盛年處房室，中夜起長嘆」之句，是以暗喻他的懷才不遇，表達他在政治上被棄置哀怨之情，我想這種猜測，是稍為牽強的。不過，其雖然具有浪漫才情，但其所寫均屬至情至性，華麗繁盛而不失溫柔敦厚，論者均以其風骨高拔典雅，絕非一般所謂的奢侈誨靡紈袴享受者所可類比的。

五、曹植頗有善良慈悲的胸懷

曹植雖處於帝王之家，有優渥的環境，豐厚的生活條件，但其天性純樸，宅心仁厚，在其「泰山梁甫行」中，將其所見寫下：「劇哉邊海民，寄身於草野，妻子象禽獸，行止依林阻，柴門何蕭條，狐兔翔我宇。」他對於僻遠荒野的同胞，無處寄身，無所安頓，以草野山林為家，餐風宿露，妻子兒女過著禽獸一般的艱困生活，在哀傷感嘆之餘，而發出了深切的惻隱之心，這在於同一時期的許多建安詩人中，能揭露低層人民生活之實況，並發出不平之鳴，是極少有的現象，也現示了他「民胞物與」的慈悲博愛情懷。

又如他在「送應氏」第一首詩寫到：「垣牆皆頓擗，荊棘上參天，不見舊耆老，但觀新少年，側足無行徑，荒疇不復田，游子久不歸，不識陌與阡，中野何蕭條，千里無人煙，念我平生親，氣結不能言。」這首詩他寫於建安十六年，公元二一一年，這一年曹植剛滿二十歲，他在隨其父曹操西征，路經洛陽時，看到二十多年前董卓之亂，火焚洛陽，造成人民莫大的傷害，而迫使人民不得不大遷徙的影象，更由於連年的戰亂，使得人民極度疲憊、淒涼和困苦，從滿目瘡夷，聯想到民不聊生，而流露出詩人「流惠下民」之感慨與痛苦。

六、曹植具有視死如歸的愛國志節

從「七步詩」中，看到曹植被其兄長曹丕逼迫所寫出千古之絕唱，人們一定會聯想到，他一定是位膽怯、懦弱沒有志氣的弱者，其實不然，他不僅具有不屈不撓的個性，而且對報國、愛國從不後人，他在「白馬篇」亦名為「遊俠篇」中寫道：「羽檄從北來，厲馬登高堤，長驅蹈匈奴，左顧陵鮮卑，棄身鋒刃端，性命安可懷，父母且不顧，何言子與妻，名在壯士籍，不得中顧私，捐軀赴國難，視死忽如歸。」

在這首詩中，可以看到他以剛健、果決的筆調，透露出內心以保衛國家、打擊侵略敵人，不惜任何犧牲，甚至棄家捐軀，視死如歸，充分表達了忠孝不能兩全，為國忘家，英武豪俠忠勇的忠臣之志，在另一首「鰕䱇篇」中，有「駕車登五嶽，然後小陵丘，俯觀上路人，勢利爲是謀，讎高念皇家，遠懷柔九州，撫劍而雷音，猛氣縱橫浮，汎泊徒嗷嗷，誰知壯士憂。」可以體會到曹植具有「登泰山而小天下」之寬闊氣魄，越是站在最高處，越可看出世人的愚昧、自私，由於看到自私自利者的奸惡與卑劣，進而想到人人均應以天下為己任，撫劍長嘯，表達了拯世濟物、舍我其誰的壯志豪情。除了前面所説，其在「求自試表」中，更進而表明：「臣植聞士之生世，入則事父，出則事君，事父尚於榮親，事君貴於興國。」以及常以先賢之美德「昔漢武爲霍去病治第，辭曰「匈奴未滅，臣無以家爲」而自勉，續而陳述：「每覽史籍，觀古忠臣義士，出一朝之命，以殉國家之難，身雖屠裂而功勳著於景鍾，名稱垂於竹帛，未嘗不拊心而歎息也」，藉以表白其心跡。

七、結　語

曹植至四十一歲時，終因常年憂鬱、慨嘆，罹患急病而去世，綜觀其短短四十一年一生之中，有其幸，也有其不幸，其不幸之處，在於其雖然有高深的學問，以及懷有為國建功之抱負，但始終並未獲得其父曹操及其兄長曹丕之信任，以及曹丕死後，曹丕之子曹叡繼為皇帝，情況仍如以往並未獲得改善，其一生之年，有六次變更爵位，及三次遷徙封地，在精神心情上，必然都受到極大的衝擊與影響，正如其在太和五年之上疏「求通親親表」中說：「每四節之會，塊然獨處，左右爲僕隸，所對惟妻子，高談無所與陳，發義無所與展」，其心境之寂寞、鬱悶、絕望之情，可想而知，最後終於含恨含憾而逝，後人追思，均以「陳王不得立，魏之不幸，亦漢之不幸」來作論斷，蓋其始終未嘗忘漢也。

再論其生之有幸，早昔雖由於耽酒而失其父對之信任，以及其兄曹丕多方予以排擠，因而始終被摒棄於權力之外，世人均認為是一大不幸與遺憾，然而正因如此，使其避免了因其權位而荒廢時日與精力，以致全心投入文學創作，無論詩詞文學都作了最大貢獻，為後世所景仰、讚譽，至於其所具有天性之慈悲，和愛國報國之志節，尤令人敬佩，而其所作「七步詩」，更震聾啓聵，流傳千古，遺德萬世，又豈是任何帝王之位所能及耶！

吾愛吾師

五十多年前，我在南部醫院養病，同一病房中共有十位患友，雖然都有病在身，天天打針吃藥，但由於年齡均屬青壯年，而且又屬於慢性病，大家仍然充滿著無比的活力，對人生抱持著無限的希望，其中有兩位還向我學習炭精人像畫，一位是王建軍兄，後改名爲王子韜，多年後成了知名的書法大家，曾獲全省美展書法組第一名大獎，在高雄市設班教授學生無數。另一位爲王楷基兄，病癒後參加師資訓練班、特考及國中教員檢定考試及格，在國小教員分發時，把原本分配到爲許多人所期盼和羨慕的都會宜蘭市，但爲了同情一位拖家帶眷並不認識的另一位分派老師，主動願意與其對調，而換到多數人都不願去的偏僻山區——大元山國小，他在大元山教學長達八年期間，我曾兩度翻山越嶺前往探望，對他的認眞教學及無時無休的照顧山地學童許多點點滴滴的情景，及散發的愛心，我瞭解頗深，他在離開大元山前往台東任國中教師時一些複雜的心情，我也感同知之頗詳，這篇文章，就是爲了表揚他自我犧牲的精神，而借他的語氣，我所寫的一篇眞實故事，並發表於民國五十九年（一九七〇）三月「成功之路」一六五期。如今物換星移，人事滄桑，令人感嘆。

火車出花蓮過吉安，接著就是志學、壽豐、南平，我依窗而坐，瞭望著窗外一望無際的原野，蔥綠的稻田，一排一排整齊而韻致的棕梠樹，以及紅瓦白牆的農村，使我內心裏開朗了好多，片片的白雲，瀟灑而飄逸的停留在靛藍色的天空正是我此刻心中的寫照。

儘管是我昨天剛剛經由蘇花公路來到花蓮，而今天一早又搭乘這班花東鐵路的快車轉往台東，身體尚有些因乘車而帶來的疲憊，但這美好的景色，再配合著這輕快小型火車發出拍節似的軋軋之聲，我確實是感到特別的神清氣爽與喜悦，這樣的視野與這樣的心情，在我來説八年來還是第一次。

八年前，那該是民國五十年吧！我剛從師訓班畢業，依著我的志願請求分發在宜蘭，記得還是八月中旬的一個上午，我拿著教育廳的派令前往縣政府教育科報到，出乎我意料之外的，我竟被分派在宜蘭縣府所在地宜蘭市的一個國校，這在當時來說，是不容易的，因為我們這一群師訓班畢業的，大多數不是分在偏僻地區，就是派往山區任教，而我卻那麼幸運，而分配到一個理想的學校，一個理想的所在地。

可是當我辦好手續，正準備要離開時，忽然聽到教育科內有大聲爭吵的聲音，我被好奇心驅使，隨又回去看個究竟，當我走到教育科時，才知道是一位同道拒絕去他所被分發的一個山地學校去報到，他所持的理由是拖家帶眷，孩子眾多，遷移不便，所以他要求重新分發，但教育科的一位承辦人員堅不答允，因而爭執僵持起來。

我看到這種情景，也聽到他們的談話，我內心忽有一股不可抑制的衝動，於是，我立刻表明了我的態度，我願與這位不願去山地任教的老師相互調換，並要求教育科答允。我之所以如此決定，並不單純為了同情他，也不完全因為我的個性喜愛寧靜，而最重要的是我感到山區教育，應該值得重視，在目前大家不是提倡要到偏僻地區，要到落後地區，要到高山地區任教嗎？那麼我們說到就應該做到，所以我要以身示範，這也許就是我多年來在軍中所培養出來的慣性吧！

我們學校位於大元山，海拔二千多公尺，由羅東去學校，要先坐林場的交通車，經過三個小時崎嶇不平的山路，再坐吊車跨越兩個山頭，然後乘坐運木的小火車，約四十分鐘的行程，才能到達。

大元山是一個聞名全省的風景區，萬山環抱，山上有古木參天的原始森林，山下還有一條寒溪，這條寒溪因為溪水常年冰寒而得名，確是名符其實。在我們學校之上，有一個設備高雅而完善的林場招待所，在那個招待所大門的橫匾上，

大元山之林場吊車（孫康速寫）

不知是出自什麼人的手筆，龍飛鳳舞的寫著四個大金字「仁者樂之。」這四個大字給我啓示很多。

大元山的出名，還是因為民國四十五、六年間，文藝協會的會員們組團前往，這些文人雅士們，回來後有的寫遊記，有的寫新詩，畫家梁中銘教授更將他在林場吊木的速寫，發表於中央日報，使的許多人，迄今印象猶深。

我報到的那天，校長接見我，使我驚異的是，在這高山偏僻的學校中，校長竟是我的一位小同鄉，她因為先生早年為國犧牲，而且子女已長大成人，所以她沒有什麼牽掛，而把全付精神放在學校裏，放在學生身上，因此，儘管學校交通不方面，地區偏僻，但學校教育辦的卻不落伍，學生程度也均在水準以上。

學校有兩佰名學生，大都是林場員工的子弟，因為山中交通不便，在二百多名學生中，卻有六十多位學童寄住宿舍，這應該是這所學校與都市的學校差別最大的地方。

我報到後，校長說我是一位退役軍人，閱歷深，個性又較沉靜，而且最大的優點是喜愛孩子，所以勸我管理寄宿學生宿舍。對於這個任務，我真是憂喜參半，憂的是這六十多位毛頭小子恐怕會給我帶來不少麻煩，而所喜的呢？則是可以與這群活潑天真的孩子經常在一起，從那些天真幼稚而有趣的笑語動作中，可以獲得不少樂趣，所以我稍加考慮，就毅然答應，擔負起了這個相當繁重的任務來。

自從接管寄宿學生宿舍以來，我不但在教堂上授課，而且下課後，還要負責六十餘名孩子們的生活管理，這一下子，我頓形忙碌起來。

我是民國三十七年，因逃避戰亂而離開家鄉的，那時我雖然已有三個孩子，老大五歲，老二三歲，老三剛剛出世，但在我的家庭環境裏，不像現在的公教人員，樣樣都需自己動手，每人也均成了十項全能，所以我與小孩子的接觸不多，看管孩子的實際經驗更是一點也沒有，雖然，我在師訓班受訓時，也修讀過兒童心理學，但從書本上學到卻是有限，而且學理往往與實際情形也是有些距離的。

面對著這六十多位孩子們，真使我有些手忙腳亂，他們似乎個個都會鬧，個個都會吵，我究竟應從那個孩子管理呢？先從那個地方開始呢？確是一片茫然，於是我煞費苦心的訂立計劃，我日夜苦思的誘導他們聽話，又要他們合群，又要他們遵守規定，忙這又忙那，每天我最晚睡覺，最早起床，夜裏還要起床幾次為他們蓋棉被，叫他們起來解小便，我成了老師兼保姆，全心全意在照顧他們。

五十三年，一個大颱風過境，颱風登陸的那天夜裏，先是電燈熄了，接著就是宿舍的屋頂被吹走，六十多個孩子恐慌喊叫，擠在一堆，像這樣驚心動魄的景況，我生平還是第一次，但我稍為冷靜一下，還是決定把孩子們一個一個的背往高處的食堂，等到這些孩子們全數安頓放後，已是天亮的時候了，我累的一連睡了好幾天。這次由於我對風災處理的適當，贏得全校師生以及家長們對我一致的敬佩與讚揚，也使他們對我有了更進一步的認識。

日子久了，這樣的工作，我不但不感覺怎樣辛苦，反而獲得不少安慰，尤其是看到孩子們一天天茁壯起來，更感到自己心血沒有白費。其實與孩子們相處，自己也會得到很多益處，單以我的性情來說，就收斂了不少，從前我是任性的，現在我卻什麼事都要考慮了，所以我與朋友們開玩笑常說：「我在教育小孩子，小孩子們也在教育我。」

在山區一晃就是八年，住久了非但不感覺不方便，而且生活上似乎充實了許多，那浩瀚雄壯的山林，使我的心胸豁達起來，那秀麗的大自然不會使我有拘束不安之感，那清涼的空氣，那寧靜氣氛，都是都市所不及的。

我對學生固然是已盡了最大的心力，但同樣的我也獲得了學生以及家長們的尊敬與讚揚，每逢年節，學生家長們爭著邀請我，我偶而有病，他們給我送茶送飯，並且還會輪流看護我，如果附近民眾間稍有糾紛與誤會，只要我一句話，無不迎刃而解，這就是人生最大的安慰與快樂。

人總是應該有進取心的，在這八年間，除了克盡職責外。我還自己溫習了不少功課，參加了二次特種考試，以及三次中等學校教師檢定考試，這並不是說明我不安於斯，而最重要的，我覺得應該給學生們做個實際榜樣，讓學生們瞭解「人生就是不斷奮鬥」的意義。

今年五月份，我終於獲得中等學校教師檢定及格，勢必我要離開這大元山了，但我堅持要去的地方要與此處相仿，所以我拒絕了親友們為我安排的新竹、台中熱鬧地區，我特別選擇了台東的一個鄉下。我要把我的愛分散給那裏的一些需要愛的孩子們。

即將離開大元山那些日子，學生及家長們間都籠罩著一層淡淡的離愁，學生以及家長們都要向我表示他們的心意，但我都一一婉拒了，我覺得我過去那樣的做，只是走了應走的路，做了應該做的本份。但他們送給我有一樣東西使我特別喜愛與珍藏，那就是一塊一尺見方的木板子，上面合刻了四個大字「吾愛吾師」，真沒想到那一群純真無邪的孩子們會動這樣的腦筋。

火車輕盈的向前滑進，我的腦子仍然回憶著過去八年之間的往事，對於未來，我從不幻想，我覺得，人生就應該像上了軌道的火車，只有遵循著軌道伸展的方向，向前，向前。

雙喜臨門

在「康莊紀事」之「成功之路與我」的一篇文章中，曾說到四十六年前我初來台北任職，就奉命要編印一份快報，快報印好後，我的長官非常不滿意，生氣把它扔在地上，並且說：「這份快報不要發了。」我一時之間，手足無措，不知如何是好，幸虧一位當時我還不太熟識的同事唐林泉兄，仗義執言，向首長力陳：「這份快報，編印的相當不錯，並沒有什麼不好，爲什麼不要發呢？」最後我的長官再仔細看過之後，就接納了唐兄的意見，允許照發，解除了當時我無奈的窘境。

這篇「雙喜臨門」，我所寫的就是前面所說爲我仗義執言的唐林泉先生作戰受傷、求學精進，勇敢奮鬥，締結良緣，大時代之一的眞實故事，不過我是以唐兄姓名之諧言「譚琳」爲名，並發表於民國五十九年（一九七〇）「成功之路」一六三期。

樂隊剛剛奏起了婚禮進行曲，偌大的禮堂很快的就平靜下來，所有的來賓都把眼神投向於紅地氈的盡頭，這情況似乎與以往有些不一樣，在往常一般婚禮不要說進行曲剛響，就是新人已經站立在聖台的前面，大家還是聊天的聊天，嘻鬧的嘻鬧，可是今天大家都摒息凝神，眼巴巴的期待著新人早些出現。

今天的新郎不是別人，是我多年的好友譚琳，他長的又瘦又黑，四十多歲了，右腿在數年前的東山戰役中負了傷，雖然已痊癒多年，但走起路來仍是不能平衡，不太方便，可是新娘呢，目前還是市郊某一所著名大學三年級的學生，廿多歲，不只聰明，而且還很漂亮，在表面上看，他倆是不太相配的，那麼她究竟為什麼會選到我的朋友譚琳呢？大家都猜不透。

一對新人終於出現了，親友們響起了熱烈的掌聲，譚琳神采奕奕，他那隻帶殘的腳，走起路來仍是一跛一拐的，但配合著那優雅美妙的音樂，竟然不但沒有絲毫不協調的感覺，而且還像是在打拍節，劃音符，是那麼莊嚴而神韻。新娘面部雖有層薄紗，可是這層薄紗並沒有遮掩了她喜悅之情，她的步伐輕盈，像蕩漾在春風中的一朵白百合，緊緊的依偎著譚琳。

證婚人說話了，介紹人說話了，來賓也說話了，大家都讚揚譚琳的奮勉苦幹，以及新娘的秀外慧中，祝他們快樂美滿，不知道是譚琳太興奮了，還是感觸太多，他竟然淚流滿面，而我也從他那些淚光中，勾起了他許多早年的往事。

誠如譚琳自己所說，他是一個最不幸的人，也是一個最幸運的人，這些事要慢慢說起，他三歲那年父母就雙雙去世了，當時在他那小小的心靈上竟然還不知道什麼是悲傷，以後的日子裏完全依賴他的祖母來撫養，可是在十五歲那年，家鄉又起了戰爭，於是他在兵荒馬亂中跟隨著國軍部隊逃走，那時他補了一名傳令兵職位，這在當時來說，已是部隊長特別同情了。

在部隊裏一晃就好多年，譚琳一方面靠著自己的天分與肯學習，一方面部隊長不時的對他指點，竟然進步了很多，由傳令兵而下士，而上士班長，民國四十一年升為少尉排長，這在他來說，是當初怎麼也想不到的。

當了排長以後，他更勤奮了，什麼事他都走到前面，他知道以身示範是處事與做人的必須條件，就在沒有好久，部隊奉令突擊東山島，譚琳興奮的不得了，認為這是他報效國家的一個大好機會，所以突擊令一下，他們這一排搶到最前頭，真是銳不可擋，戰果是極為輝煌的，可是在戰事即將結束時，他很不幸的右腿負了傷，那時醫學還沒有現在發達，經醫生們會診的結果，一致認為只有把右腿整個鋸掉，生命方可安全，但從小就倔強的譚琳，怎麼也不肯接受，他要保存他完整的身體，他要向命運之神下賭注，也許是因為他有著無比堅強的信心，他終於戰勝了，只是留下了一個為國犧牲的紀念——走起路來一跛一擺的，就像今天這樣子。

譚琳有著許多的優點，他不但意志堅強，而且胸襟寬闊，民國四十六年，他奉令退役了，退役後就轉到我們機關裏來服務，他一點也不以自己的腿殘而感到自卑，相反的，他更爽朗，對自己為國而留下的殘痕，還有一絲的光榮感。

在我們辦公室服務的同仁們，大多都有些倚老賣老的味道，認為自己這一生已經定了型啦！或者是在人浮於事的今天，能有這個位子，已經是差強人意了，自我安慰。可是譚琳，他既不沉醉於以往，對未來也不幻想，他卻把握著現實，他買書，他看書，參加考試，上補習班，有許多同事覺著他實在有些愚笨，有的甚至說些俏皮話譏笑他：「老譚如果廿年前你這樣用功，早就中了秀才啦！」他對這些話，似乎聽不懂，僅一笑置之。

民國五十一年譚琳參加了退除役軍人轉任公務人員特種考試，皇天不負苦心人，竟一炮而中，高榜有名，在當時，我們辦公室裏起了一陣騷動，大家都稱讚他「有志者事竟成」，也有的說特考及格，已經有了「當官」的資格條件，做公務人員還求什麼，這以後可不必再鑽牛角尖了，應該休息休息，或者做個成家的打算吧！但他似乎無動於衷，仍是老樣子，去圖書館，去補習班，大家聊天時他卻默默的看他的書，這真是叫人有些丈二和尚摸不著頭腦了，大家茫茫然，譚琳為什麼這樣呢？是中了讀書迷了吧！再不然就是有點故弄玄虛假用功，老實說大家都有些看他不順眼了，覺著他是在裝摸作樣，沽名釣譽。

九月裏，天氣非常炎熱，同事們在下班之後，都懶洋洋的躺在床上乘涼，能夠四個人湊起來打百分，或者兩個人下象棋的，那已是非常活躍的份子了，有一天夜晚九點多鐘了，譚琳喜氣洋洋的回到宿舍，他告訴大家，他考取了大學，當時大家一怔，考上了大學？考上什麼大學，考大學做什麼？難到像譚琳你這把年紀，近四十歲的人了，還要去上學？很顯然，當時並沒有人向他表示賀意，僅是一連串的疑問而已。

一個月以後，譚琳辭掉了現職，要專心的去學校讀書，有些好心的同事跑過去，善意的問他：老譚，你不是已考取特考嗎？既然有了做官的資格條件，還去讀個什麼書？這是舊話重提，到這時，老譚才開了口，他很慎重、很平和的回答對方：「我讀書，僅是想求學問，獲得知識，這與做官不做官，升級不升級是沒有絲毫關連的，請你不要誤會。」

這倒是一個很新鮮的答案，為讀書而讀書，那真是一個標準的書生了。

譚琳入學後，很少來看我們，聽說他不分星期日或假日，都在忙著準備功課，偶而回來一次，時間也很短，眼上已架上了近視眼鏡，他的同學們都說，譚琳儘管年紀比他們大了些，但讀書的精神，卻是極為青年的。

四年過去了，譚琳獲得了學士的學位，從前認不了幾個英文單字，現在卻是能說能寫，他畢業那天，他們學校的校長，特別柬請我們辦公室裏的主官，要他代表譚琳的家長參加他的畢業典禮，因為譚琳在台無親無故，當我們的主官到達那所著名的大學時，譚琳正在大門口，已是等了很多時了，他當時喜悅之情真是難以形容。這所大學的校長，告訴我們主官說，譚琳是一個品學兼優的好學生。

譚琳大學畢業後，接著又考取了母校的究研所，就好像知識永遠填不飽他的肚皮，他仍是那樣努力，那樣奮勉，就在他撰寫畢業論文，準備畢業考試時，他忽然有些不舒服的感覺，但他並沒把它放在心上，有一天他去榮民總醫院看望一位患病住院的朋友，看完朋友後，時間還早，他想藉著機會檢查檢查，因為他是榮民身份，辦起手續來非常方便的，不檢查還好，一檢查可就麻煩了，醫生告訴他，患了嚴重結核病，醫生不但沒有安慰他，相反的還責備他為什麼對自己身體這樣疏忽？要他趕快住院，這真是猶如晴天霹靂，譚琳怔住了，他不知道怎樣來接受這一宣佈，他想哭，可是哭不出來，他怎麼辦呀，難道命運之神真是這樣捉弄人嗎？

僅僅是幾天的光景，譚琳變了，變成了另外一個人，他不說笑了，也不看書了，他說到現在才真正相信別人勸他不要唸什麼書的話是對的。很顯然的譚琳沮喪到了極點，朋友們連番的勸他，也發生不了什麼作用，一位朋友讓他到他家去住，以為這樣或許在精神上有些安慰，可是譚琳沒住幾天，又堅持回到他那黑暗，孤單的小宿舍裏去。

譚琳像是一個打敗仗的戰士，剛吃敗仗的前幾天，他是灰心的，但稍為冷靜一下，再加上一點休息的機會，他終於恢復了以往的鬥志，他知道命運之神捉弄的是軟弱的人，堅強的面對現實者，才有資格承擔一切。

他躺在床上不再作些無謂的亂想，他精神好時，仍是去找資料作他的畢業論文，只有累了才再躺下，他很愉快的吃藥打針，他知道結核病在今天不是什麼絕症，只要飲食得法，休息相宜，再配上具有絕對效果的針藥，那是不難痊癒的，他想到腿部受傷，而終能痊癒，就是因為信心堅定，他也想到初中沒畢業，到今天居然在讀研究所，也是靠著那股不屈不撓的信心。他恍然瞭悟到，信心是一切處世的法寶。

冬去春來，大地呈現著蓬勃的朝氣，這天譚琳去醫院作身體檢查，經過醫生詳細檢查後，告訴他，他的病體已經痊癒了，可以恢復常人的生活，去學校讀書那當然是不成問題的，可是這次譚琳表現的沉著而冷靜，雖然是非常的欣喜，但一點也沒有意外之感，因為他早已知道，信心會帶給他健全的身心的。

譚琳又順利畢業獲得碩士學位了，前幾天，許多朋友正在準備為他慶祝一番，卻沒想到，突然又接到他結婚的喜柬，這真是稱得上雙喜臨門了。可是大家不知道像譚琳這樣的人，究竟應該娶個什麼樣的太太，以他的學識來說，當然要娶個有中上程度的小姐，可是大家想到他的年紀，四十多歲的人了，以及他的足不良於行時，大家都又自我否決了，一致說不可能，不可能，學識究竟值多少錢一斤呢？在當今工業社會的時代，人們一切均講現實，誰又管他什麼碩士不碩士，所以朋友私下談論的結果，譚琳結婚的對象，可能是一個沒有什麼知識，不講求一切的鄉下姑娘。

可是今天擺在眼前的，與大家的想法距離好遠好遠，新娘不只是聰明、漂亮，而且還是與譚琳同一所大學三年級的高材生，這真是太空時代了，一切都跑出了人類想像的範疇。

大家鬧新房了，許多人團團的圍住新娘，有的叫她來個精彩的表演，也有的叫她報告戀愛的經過，不知是誰，冒出一句大家都想問而都悶在心裏的問題，那就是請問新娘：「新郎有什麼魔力？可否告訴我們，妳嫁給他的理由？」此語一出，大家哄然，熱烈的鼓掌，頗有深獲我心之感。

新娘究竟是聰明的，她似乎早已知道了大家的心意，所以她很自然，很平和，絲毫沒有勉強與忸怩作態的意味，她說：「譚琳初中沒畢業而能攻讀獲得學士、碩士的學位，這證明他有向上心，歷經重傷、重病而百折不撓，奮勉不懈，說明他有堅強的性格與毅力，至於他為國傷腿，不只不是一個缺點，相反的我還認為這是一個光榮的標誌，這三方面就是我對他信賴、敬佩，而願將終生幸福付託他的理由。」

全室頓為默然，內心裏都有慚愧無比的感覺，何以像我們這些老朋友相處了這麼多年，竟然沒發現他這些都是他的優點呢！

四十多年前作者孫康（右）與文內所述主角唐林泉（左）遊獅頭山時合影，中爲王占林先生。

大門牙村冒雨摘杏記

「清明時節雨紛紛，路上行人欲斷魂；借問酒家何處有，牧童遙指杏花村。」小時候讀唐朝杜牧所寫的這首「清明」詩，幾乎都是順口溜式的唸或背，另外什麼想法也沒有，當時有的同學還把這首詩改成為四、三句：「清明時節，雨紛紛；路上行人，欲斷魂；借問酒家，何處有；牧童遙指，杏花村。」更有的同學將這首詩改成新詩的形式：「清明時節　雨　紛紛　路上行　人　欲斷魂

借問　酒家何處　有牧童遙指　杏花村。」大家覺得這樣一改非常的有趣。可是在離鄉背井幾十年，行到中年或老年之後，再讀這首詩，感觸就迥然不同了，尤其末句之中的「杏花村」，對我而言，更使我不斷的遐想，不斷的思念，常常回想到六十多年前的情景，因為我的老家孫橋，就是一個道地的杏花村。

記得我村莊的東面不遠之處，有一大片、一大片濃郁茂盛的杏樹林，每年三月杏花盛開，那燦爛鮮艷的花朵，不僅杏樹的主人露出了笑容，天天前往仰望巡

視，全村一百多家人家，都也受到感染而陶醉起來，緊接著花落之後，即慢慢生長出來又嫩又綠的小杏了，不要看它小，可是任誰看了，不知不覺就會口中生津，及至麥穗黃了，杏兒也就快要成熟了，那有的紅、有的黃、有的紅黃兼有、結實纍纍的杏子，就更令人興奮歡喜了，尤其是當杏子成熟、自行掉落到地下來，一摔兩半，杏核自動跳出的那一霎那，更引得大家爭先搶食。在我讀小學時，別鄉、別村的同學，像現住山東濟南的丁廣慶（現改名為丁諾）以及現居台中豐原的呂永和等，就非常羨慕我們村莊有杏林，而且也曾去吃過杏。

自從民國三十七年離開家鄉後，每到五月麥子黃的季節，我就會常常想到該是杏子成熟了，只是再也沒吃到杏，以後去日、韓訪問，雖然接待單位也曾招待水果中有杏，但吃起來完全不是家鄉杏的味道，直到一九九七年我去舊金山居住了兩個月，在中國城華人所經營的市場內，充滿了桃、杏、李，每斤只售美金四角五，品質最好的，也只賣五角多，不僅顆粒大色澤美，而且味道已非常與家鄉之出產者也相差無幾，大大滿足了我的口腹之欲。還有，最使我心喜的是有一天，畫家陳霖女士邀請我和定敏前去她家做客，當她的先生金師圃將軍在一個公共汽車站迎接我們轉車候車時，我忽然看到一家院子裡，有幾株結滿了果實的杏樹，那種令人垂涎欲滴的杏兒，在陽光照躍下，份外亮麗，親切的彷如久別的重逢老友，親切的看著我，更一直吸引著我久久的凝視而不願轉睛。

這些年來，我雖然曾多次返鄉探親，但因多在秋冬不是杏子成熟之季節，一直與杏無緣，且經多次向鄉人詢問，據說杏林早已不復存在，因此重臨杏林觀賞、摘杏之宿願，幾乎也早已放棄。

可是事情並沒有絕望，今年（二〇〇四）六月，我和定敏從禹城到濟南與好友丁廣慶、王祝俊；牛書閣、楊義貞兩對賢伉儷相聚，在重遊趵突泉之後，很想再選一天找一處幽靜的風景地方，大家喝喝茶、聊聊天、談談往事，祝俊建議說，濟南近郊仲宮鎮之大門牙村或小門牙村，不僅有山有湖風景清幽、茶莊、飯店也很雅緻，坐在茶棚內還可以看到山映在湖中的倒影，是一個很不錯的地方，於是我們約定在我離開濟南返回台北前的六月七日就驅車前往了。那天陪同我和定敏前往的，除了書閣因去醫院上班，為病患醫病不克同行以外，有廣慶、祝俊、義貞，還有另一位祝俊的親戚趙晴秋女士，車行半路，廣慶告訴我說：今天除了攬勝、觀景喝茶，還安排有採杏節目，邀請趙晴秋女士同來，就是借重她與當地熟悉來為我們安排。這一宣布，頗出乎我意料之外，一時興奮得幾乎難以置信。多年之宿願，不是很快就可以實現了嗎！

我們到達了大門牙村莊，先去拜訪趙女士所熟識的杏林主人宋國忠先生，宋先生誠摯厚實，初次見面就給人有很好的印象，他是農家子弟的年輕人，也是一位書法愛好者，對書法已有很好的基礎，他除了親切的招待我們已採收在家的杏子、飲茶之外，還非常誠懇的向定敏請教有關書法方面的運筆、造型和筆法，並請定敏現場予以示範，還攝影留念。

宋府雖然是一所農莊，但雅緻潔淨，全家和樂融融，充滿了一片祥和，我們打擾了一陣子即登樓參觀，遙望四週大地，但見翠綠山巒起伏，湖泊、農田、杏林參差有致，極為賞心悅目，頗令人有長此住下不忍離去之感。

最後就由宋國忠先生相陪，前往杏林，原意在杏林要多停留一些時間，享受一下杏林之美、摘杏之樂，不意天公不作美，到了杏林，竟下起了傾盆大雨來，而且頗有短時間難以雨停之勢，同行友人，為恐雨淋，均勸說在車上開窗看看可矣，我心想好不容易到了嚮往多年的杏林寶地，豈能因雨輕易放棄？因而堅持與定敏冒雨下車，看到那雨中渾圓渾圓、一顆又一顆或多顆結成串，緊密的簇擠在一起、閃耀著紅黃鮮艷亮麗的色彩，透露著果香迎客的杏兒，真是又興奮、又喜悅，於是不待主人相陪，也顧不得雨淋，一顆兩顆、一串兩串，帶葉的、不帶葉的，直到所有的口袋塞滿，無法再容，才百般不捨的回到車上。雖衣衫盡濕，但也難掩喜悅之情。

作者夫婦（中）冒雨赴大門牙村摘杏時與老同學丁諾（原名丁廣慶右一）王靜（原名王祝俊左一）伉儷合影

看到這般情形，主人笑了，陪同的朋友也笑了。可是最開心的還是我，我不但笑在臉上，也笑在心裏。雖然不能在杏林徘徊徜徉和追憶回味當年在杏樹下看杏、摘杏、搶拾落地杏等之情景與樂趣，但總算完成了多年夢寐以求的夙願。杏兒有知，當亦欣然。

愛灑鄉梓

「故鄉情」獎助學金之設置

二〇〇四年的初夏，我和小學時期的同學李光耀，一道返回故鄉禹城，我們一方面是回老家探望親友，另一方面也是主要的目的，我倆代表其他八位同學，與「禹城一中」簽訂「故鄉情」獎助學金設置協議書，協議之內容為每一學年我們資助十五位家庭較為清困之同學，以及獎勵品學兼優成績特別突出之十五位同學，共計三十位。先試辦五年，五年之後再重新議訂。

「禹城一中」是我們家鄉一所重點高中，目前全校有八十個教學班，四千五百位同學。

我們之所以設置此項獎、助學金，因為我們「歷經風雨半世紀，不忘禹城是故鄉」，五十多年來，儘管我們走過無數的地方，也曾在許多城市居住過，但是最令我們懷念、眷戀、感受最為溫馨、甜美的，仍是我們的故鄉——禹城。

我們從民國三十七年（一九四八）離開家鄉，迄今已近六十年，儘管物換星移，時局多變，我們也從青春年少到了白髮老年，但對家鄉之親友乃至土地卻從未忘懷，而且思念之情與日俱增，雖然大家的生活都靠微薄的退休金，並沒有多大財力，但對家鄉晚輩子弟之生活、受教，卻格外心繫關切，一直想盡棉薄之力對他們給予一點幫助，希望他們把書讀好，奠定正確的人生觀，並培養良好的生活習慣，進而創造個人光明的前途。

參與贊助此一「故鄉情」獎、助學金之十位鄉親，為居住在台中市的王玉琪、田汝明、尉廷美；桃園縣、市的孫忠義、馮永林；台北縣的李光耀、李傳聖；以及台北市的曲純全、梁尚忠和我。我們十位年齡都已超過了七十歲，而且均為退休公教人員，只是大家有感於當年就學時，由於戰亂，不僅顛沛流離、食不飽、衣不暖、居無定所，而且就讀的學校不是屬於臨時性，就是在流亡，讀書實在不易，徒然耽誤了正是讀書的黃金歲月，因此，早在五年前，我們幾人就曾發心願要為家鄉受教子弟辦理獎、助學金，當時還特別邀請了李光耀、李傳聖、曲純全等，齊聚我家商討如何進行，後來由於台北與禹城家鄉相距太遠，聯繫不易，最困難的是不知向何單位洽辦，因而只有共同心願，並未實質進行。

今年（二〇〇四）二月四日，我們舉辦禹城同學、同鄉春節聯誼會時，梁尚忠臨時發言，大意是請大家研究研究可否為「禹城一中」設置獎助學金，由於當時大家正在與高采烈的交談、喝酒，能夠聽進耳朵的人不多，因而並未獲得任何的回響與結論；到了三月，禹城一中校長姜成華先生寫信給馮永林兄，重提此事，永林兄隨將姜校長之來函影印了一份寄給我。並希望大家提供處理意見，我看過來信之後，認為沒有具體之說明，恐同學鄉親無從表達意見，遂寫信給姜校

「故鄉情獎、助學金」贊助之十位鄉親

王玉琪先生　田汝明先生　曲純全先生　李光耀先生　李傳聖先生

孫康先生　孫忠義先生　梁尚忠先生　尉廷美先生　馮永林先生

長，請其說明目前學生每學年需繳學雜費若干？如辦理獎、助學金，以多少名額為宜？可否請依據學校之實情，先擬訂一份初步草案，以便供此間鄉親參考，看能否在財力許可範圍之內舉辦？姜校長接到我的去信之後，即依著我所提的問題，一一詳予答復，並擬訂了一份「獎、助學金實施辦法之草案」，經我仔細研究並衡量各種情況，認為可行，並先獲得李光耀、王蜜、李傳聖、紀百合兩對夫婦大力支持，於是我就分別打電話給我認為可以商討的其他多位同學、同鄉，將自己之想法、看法向他們解說，並徵詢其意見，經過多方協調、溝通甚至於動口又動筆，來往奔波，終於獲到前面所說的十位同學參與。這項「故鄉情」獎、助學金總算辦成了，辦成之後固然感到非常欣慰、喜悅，但同時也有很深的感觸，就是無論做任何事，也不管是為公為私；或多麼有意義，讓人心甘情願的從自己口袋裡掏出錢來，那是非常非常不容易的。尤其是大家都從苦難過來，並沒有豐裕的存款。

俗話說：「施比受有福」，沒有經過這樣親身經驗的人，是難以感受和無法理解的，我們所辦的這項獎、助學金完成簽署協議書之後，參與贊助的朋友，對我說：「總算為家鄉做了一件有意義的事，內心感到很安慰、很踏實。」不過也聽說其他未參與的部份同學鄉親，對這件事還在疑惑，是否以後會帶給參與者一些困擾和煩惱？不過，我們都願相信人性的善良面，而且我們的做法，僅是拋磚引玉，帶動風氣，並希望更多的在地人士多多關懷及幫助需要幫助的人。

對家鄉子弟受教之關懷，我們除了以有限的獎、助學金，予以實質的幫助，還以多年看盡人事滄桑，在歲月磨練中所得的一些實際經驗和省悟，寫給獲獎同學，真摯而毫不保留的告訴他們，勉勵他們，惟有努力讀書，多多充實自己，厚植能量，在未來的社會方能立足，服務社會，尤其是將來自己有能力時，也要去照顧需要照顧的人，鼓勵需要鼓勵的人，使整個社會充滿祥和、互助，散發人性的光輝，同享愉快、繁榮、品質良好的大環境。

為了使此一「故鄉情」獎、助學金，順利、圓滿、永續推展及發揮其影響力，我們還特別設計印製了一份簡介，包括我們的心願——設置此項獎助學金的目的和意義，十位贊助人之介紹，助學金及獎學金實施辦法，以及致獲獎同學的公開信，還有禹城一中的校景、圖片及簡略介紹，以及姜成華校長為感謝旅台鄉親助學之義舉所撰的對聯：「鄉情、親情、情義無價，情系故鄉學子；父愛、母愛、愛心至上，愛灑桑梓後生。」

這項獎助學金辦成之後過了幾天，聽到「天下文化出版社」社長高希均教授在一項演講中說：「許多人當該捐款做些公益善事時，捨不得捐獻，可是到了即

「故鄉情」獎、助學金協議書簽訂後，有關參與人員合影留念

將離開這個塵世時，發覺有些錢並不能帶走，就會感到錯過了捐獻的機會，非常後悔，可是後悔無用，因為那時已來不及了。」我們辦理這項獎助學金，所付出的雖然非常微薄有限，還說不上是做了什麼大善事，但我們聽到高教授這番話，還是感到非常欣慰的。

第一屆「故鄉情」獎助學金，業於二〇〇四年九月三十日，由我們贊助十人之中的李傳聖、梁尚忠二位先生，藉返鄉探親

第一屆「故鄉情」獎助學金於2004年9月30日頒獎後，頒獎人員與獲獎同學合影留念

之便親自頒發，計獲得助學金者為張琨琨、王科、張云云、王貞貞、唐雪、劉華云、張立霞、袁希濱、時長建、董奎、李靈枝、鞠延新、李霞、李山山、冉祥勇等十五名，獲得獎學金者為殷明璐、萬潔、司振坡、王興洋、孫松松、楊彩虹、李營、王吉鵬、許兆斌、藺蒙蒙、郎帥國、呂向峰、楊愛平、司勝鋒、殷芳等十五名，兩項共計三十名。

除了在頒獎典禮中，由獲獎同學之一的高三十一班學生許兆斌代表三十位獲獎同學致謝詞說明「他有幸觸摸到了旅台鄉親那顆戀鄉、愛鄉、心繫家鄉發展的赤子之心；有幸體會到了血濃於水的鄉親情誼。」之外，三十位同學也分別給在台鄉親寫了自己成長經過及感謝函，這三十位同學所敘述的內容，均至情至性頗為感人，為佐證此項「故鄉情」獎、助學金設置之深長意義，及獲得良好的迴嚮，謹選出其中獲得助學金高一之王貞貞同學，及獲得獎學金之高三王與洋同學二人來函原文兩篇附錄於後：

我一定回報所有關心我的人

王貞貞

尊敬的旅台鄉親：

你們好！我是禹城一中高一，十七班的王貞貞。我很榮幸接受了你們的助學金。在此我首先感謝你們幫助我們這些家境貧寒的學生，度過了上高中這一難關；並獎勵了我校品學兼優的學生。親愛的旅台鄉親：你們雖已年老，客居他鄉，但你們時刻掛念著自己家鄉的莘莘學子，關心著下一代，從自己的生活中節省出一些錢，供給了我們。我從你們的言行中深深體會到了您們那顆心繫家鄉的赤子之心。

我住在市中辦王火村，生活在一個貧寒的農村家庭裡。家中有七十多歲的爺爺、奶奶，他們體弱多病。二〇〇二年夏天，母親因車禍去世，這給了我們沉重的打擊，一切家庭重擔全落在了父親一人的肩上。那年，正值姐姐上高中，爸爸沒有被經濟上及生活中的困難壓倒，而是想盡了一切辦法，毅然把姐姐送入了高中的大門。因為爸爸十分崇尚文化，他要把我們家建成一個有文化的家庭。今年，姐姐已上高三，妹妹上初三了。她們的學習成績都不錯，我想，到明年，妹妹也將踏入禹城一中的大門了。

在家裡，我經常幫爸爸幹活，在農忙時節，我也常常到地裡幫爸爸鋤草、施肥等。當爸爸從地裡回來的時候，我會給他遞上一杯熱水，為爸爸消除疲勞。

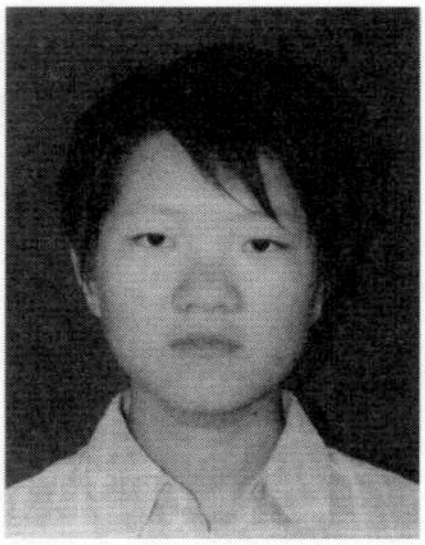

上初中的時候，我的學習成績十分優異。每次考試都在全校前十名，當我在獎台上胸戴紅花，手拿獎本的時候，我看到了老師甜美的笑，彷佛也看到了爸爸臉上那欣慰的笑容。在班內，我積極地做好一名課代表，並得到了老師的一致好評，並且我與同學們交往也十分親密。當我受到外界環

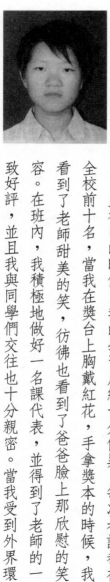

境影響，情緒波動的時候，我會極力控制自己，調節情緒，以良好的心態投入到學習中去。經過努力，在今年的中考中，我考了五六八分，其中語文得了九十六分。

今天，我帶著家長、老師的囑托和希望來到了禹城一中。在這裡，我真的體會到了「天外有天，人外有人。」我感到自己在這些優秀的學生中再沒有優越感了，真是平凡極了。因此，我必須加倍努力地學習，付出比別人更多的代價，才能占據有利地位。同時，我更要把國文學好，不辜負你們對我的殷切希望。我還會積極參加學校的各項活動，使自己的德、智、體全面發展，成為一名高素質人才。回報旅台鄉親，回報學校，回報父母，回報所有關心我的人。

我相信，三年之後，我一定會以優異的成績考入自己理想的大學。因為我相信「書山有路勤為徑，學海無涯苦坐舟。」將來，我也要像你們一樣，為自己的家鄉做貢獻，向社會奉獻自己的愛心。

最後，祝旅台鄉親：

身體健康，合家幸福，萬事如意！

高一．十七班學生王貞貞

二〇〇四年十月四日

收穫金秋十月　情致旅台老鄉

王興洋

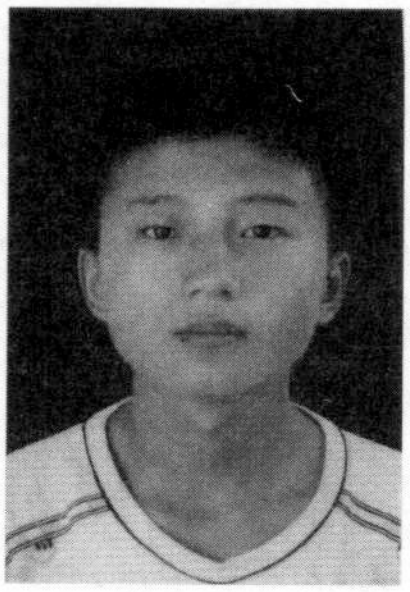

尊敬的諸位先生：

您們好，作為一名中學生，我很榮幸地接受了你們的獎勵。在這裡，首先允許我向你們表示一位學子誠摯的謝意。

我出生在一個世代務農的家庭。祖父輩子女多，父母都沒有受過教育。正是由於沒有太多文化，因此在種種嘗試著擺脫貧困的奮鬥中，掙扎而無所獲。父母只能靠種地所得的微薄收入養家糊口。

雖然處在困境，但都已意識到教育的重要性，認識到只有受到良好的教育，才能為社會，為人類擺脫痛苦、做出貢獻；同時也更能履行做人的義務和責任。父母為我的成長和教育，嘔心瀝血地操勞，披星戴月地勞作。

「再苦不能苦孩子，再窮不能窮教育。」他們省吃儉用供我上學。現在我尚無能為力為家解困，只能在學習之餘，幫幫家裡幹些力所能及的農活。望著父親年老瘦弱的身體，母親多病疲憊的身軀，我是悲從心生，力從外使。為了我父母，我全心全力地學習。

帶著父母的寄托，肩負社會的責任，挑起歷史的使命，我踏入了校園。無論在家裡，還是在學校；無論在課堂還是在課下，無時無刻不晃動我發憤學習的身影。孔夫子教徒以六藝，我也以德智體群各方面完善自己。正如孔子所云：「其為人也，發憤忘食，樂以忘憂，不知老之將至云爾。」

在所學科目中，我尤其鍾愛於國文。在博大精深的中國古代文化中，即使採得一二，也欣欣然而樂。管可窺豹，即使微妙，也能令人陶醉於其中的精妙。

事父母，尊師長。孔子有「唯其疾之憂」。雖窮困，「飯疏食，飲水，由肱而枕之，樂亦在其中矣。」王勃有言：「窮且益堅，不墜青雲之志。」為人做事，子之四教：「文、行、忠、信。」在成長的歷程中，我愈加感到：「逝著如斯夫，不舍晝夜。」因此我更爭分奪秒，以有限青春，有限精力，盡量多學多做，在人類社會圖卷中畫上美麗一隅。

從小，我就有一個理想——當一名醫生，醫治人們病痛，在身體上解除人們痛苦。同時，我還想當一名作家，寫出中國文明，挖掘華夏輝煌，在精神上心靈上鼓舞人心。明年，我將參加高考，我將執著的爭取讓所有人為我驕傲的成績，來回報所有關愛我的人。

再次感謝老鄉們對我的支持資助。您讓我深藏心底的想法又一次勃發。將來像你們一樣為家鄉做些有意義的事。

「投我以木瓜，報之以瓊琚」、「投我以木桃，報之以瓊瑤」、「投我以木李，報之以瓊玖」以作為報答幫助資助我的人。老人們的愛心，會薪火相傳，人類將仁愛之花遍地開。

此致

敬禮

高三・二十六班受獎學生王興洋

公元二〇〇四年十月三日

附錄一：「康莊紀事」之回響

「康莊紀事」讀後感

孫紹誠

五年一冊精心作
書畫鴻文奕世傳
今逢甲申七五歲
康莊紀事展眼前
中正一聯曾與共
法鼓詩班又續緣
齊魯五友如兄弟
兩度聯展起漪漣
也曾共遊北京城
八達嶺上並肩觀

本文作者簡介：

孫紹誠先生，字文華，號歷下居士，民國十七年生於山東省濟南市，現居台灣省台北縣。自幼喜愛書藝，性耽詩詞，幼承家教，對各體碑帖多有涉獵，悉心臨寫，對標準草書，著墨猶多，蓋欣賞右老之神風也。

文化交流政協樓
揮毫落紙起雲煙
同宗同學亦同好
詩詞唱和猶笑談
尤待大作再問世
大壽之期鉅著看

註：「中正」意指「濟南市中正高中」，「一聯」爲「第一聯合中學」、「齊魯五友」爲「齊魯五友書畫會」之成員孫乾、孫紹誠、孫康、孫晉卿、臧貴義。

主張「融百家帖，寫出自己」，曾多次參加國內外書畫聯展，並為有關單位所收藏，嘗以「翰墨傳神韻，詩書蘊雅情」以自慰。

現任中華民國書學會顧問、中國瀋寧書法學會諮詢委員、中華詩學研究學會理事、台北市南菁書法學會顧問暨青島市中山書畫院名譽院長等職。著有「雪泥鴻爪」、「稀齡之誌」等。

苦盡甘來好自在

《康莊紀事》讀後感

汪洋萍

孫康先生寄贈一本新著散文集《康莊紀事》給我，說是散文集，不如說是精簡扼要的自傳。全書共二五四頁，配有他人生旅程上景點照片五十張，水彩、水墨畫十幅，封底內頁還有一幅國畫紅梅。封面封底的畫面設計寓有深意，印刷精美，給人的第一印象，就使人愛不釋手。

全書分為三卷：卷一　驀然回首：計有敘事散文十一篇，可總覽他在生命途程中所經歷的苦難安危、絕處逢生、堅苦卓絕、一帆風順、美滿婚姻、幸福家庭及他樂觀進取的人生理想；卷二　藝林漫步：收集他暢遊藝林紀事文十六篇，從愛畫、學畫、觀畫、開畫展，到畫藝交流的觀點可知，他是為美化人生，提昇人類精神文明而從事繪畫藝術，不是「為藝術而藝術」。他的詩、書、畫論述，都蘊涵著中華文化的倫理道德，愛國思想及濟弱扶傾天下一家的世界觀；卷三　天涯行旅：有他旅遊、參觀、訪問歐美和中國大陸數十個名城古都的觀感，及途中所見所聞和奇緣奇遇的感性美文十六篇。例如：他參觀聖荷西的「中國文化公園」，看到高大的孔子銅像；中國傳統式建築的「國父孫中山先生紀念堂」，和「中正紀念亭」內蔣公半身銅像，及基座正面鏤刻的蔣公名言「生活之目的在增進人類全體之生活；生命之意義在創造宇宙繼起之生命」，聯想到孔子、國父、蔣公這一脈相承的中華文化傳統，出現在友邦的國土上，欣喜之情流露於字裡行間。再如：他在「越戰紀念牆」與「西貢小姐」這篇文章裡說：據資料統計，越南有三百萬人死於戰亂，四百萬人受傷，比美國陣亡的官兵超過五十倍，這場殘酷的戰爭有什麼代價，人們為何如此愚昧開啓戰爭？是受到野心政客的擺佈、愚弄呢？有沒有沉思記取教訓作為殷鑑！孫先生行經紐約時，他在美國留學的兒子和兒媳，請他去觀賞轟動一時的「西貢小姐」歌舞名劇，劇情是越戰期間，一位美國大兵與越南姑娘戀愛結婚生子，戰後礙於美國法律規定，那位大兵不能攜帶妻子回國，那位「西貢小姐」將兒子交給丈夫，自我犧牲，了斷生命的真實故事。當演員謝幕時，觀眾報以熱烈的掌聲。孫先生沒有鼓掌，卻感嘆地說，他們是在承受越戰留下的後遺症和惡果。人們不記取歷史教訓，恐怕悲劇一再發生，可能就落在自己頭上。孫先生面對問題或觸景生情，總會啓發人們慎密的思維及深入的探討，這本書中到處可見。

他於一九八七年六月到漢城舉行「慈暉畫會」七人聯展，一位擔任翻譯及接待工作的韓國明知大學中文系女生南銀亭，由相識而成忘年交，並多次來台在他家作客而成義女，孝敬他們夫婦如親生父母。連南銀亭的同學李英蘭在他家過春節，也堅持以下跪叩頭行拜年禮，如此可見，孫先生和他的夫人親和力，大愛心。

我和孫先生有緣分，有情分，還有不可思議的巧合。我們都是出生在窮鄉僻壤的貧苦農家，年齡相差不到一歲，因抗日戰爭及國共內戰，青少年期，到處顛沛流離而從軍。隨軍來台幾經波折，他以優異成績考取國防部政治幹部學校，懷著理想抱負力求上進。民國四十一年因體檢發現患肺結核病，送新成立的陸軍第一肺病療養院嘉義灣橋分院療養。當時我任陸軍獨立六十四師衛生營醫療連少尉司藥，想報考國防醫學院專科部，體檢發現患兩側中型活動性肺結核送院療養，與孫先生是同院病友。住院病患都是體檢篩檢出來的現役青年官兵。我們一同住院數年，他獲院方賞識協辦行政工作，我也常參與院內慶典及集會活動佈置會場等雜務。病癒出院後，民國四十七年我們報名參加國軍退除役官兵轉任公務人員特考，同被錄取。後來他派到退輔會擔任《成功之路》月刊主編，我被安置在台東太平榮家承辦醫療業務，榮家主任又指派我為《成功之路》通訊員。為該刊撰稿，我們又變為主編與作者關係。承蒙他抬舉而獲得趙主任委員親頒獎狀，又聘為醫院、榮家、訓練單位榮民教育授課教師。孫先生民國六十七年在中央日報副刊「趣譚」專欄連續發表「吃甲魚」、「手足情深」、「兵腔」與「官腔」三篇精美短文，我也是六十七年開始向中副投稿，屢投屢中。六十九年九月一日，我奉調輔導會第六處委任科員，他已升任第一處輔訓科長。我在輔導會任職十三年，因家眷仍留住台東，借住會屬單身職員宿舍，與孫先生家近在咫尺。我在科長任內屆齡退休，孫先生歷任簡任幫辦、專門委員，一直是我的上級長官，給我很多指導與啓發。我與孫先生的緣分、情分與一次又一次的巧合，在我的生命中留下美好的回憶，使我永遠的懷念。

退休後，我以閱讀、藉文字抒發心聲、參加文藝團體活動，隨時隨地做義工，都是受到孫先生的啓發。一晃十年過去，雖無成就，亦無遺憾。若說有遺憾，那是國事，天下事，我都有心而無力啊！

孫先生任公職三十六年，有輝煌業績，他的夫人在電信局服務，歷任業務主管，這對業餘書畫家，夫唱婦隨，婦唱夫隨，鑽研書畫藝術，成家立業，教養子女，功成名就，享譽藝林。退休後，由業餘書畫家，成為專業書畫家，退休前後牽手將居四十年，交遊廣闊，時常在國內外開書畫個展、聯展，從事全方位文化交流，發揚博大精深的中華文化，獲得熱烈的回響。回到溫馨的幸福家庭，恩愛夫妻相伴，切磋詩書畫藝好自在。

本文已收入：「良性互動」書內 二〇〇四年三月

本文作者簡介：

汪洋萍先生，民國十七年（一九二八）農曆八月二十七日，出生於安徽省岳西縣黃石鄉。現居台灣省台北縣鶯歌鎮。

世代務農，家境小康，戰亂致家貧，少年失學，從事農、工、商業。來台後，從事公職，經普考、特考以及小學教員檢定考試及格，歷任軍、公、教職四十五年，屆齡退休。在職期間自修閱讀，所寫文章、詩稿均曾在各大報刊發表。

現為中國文藝協會、中華民國新詩學會、三月詩會會員；秋水詩刊同仁，曾獲教育部頒新詩創作獎及多次徵文獎。著有「萬里江山故園情」、「浮生掠影」、「良性互動」、「心影集」等詩文集十一本，深受讀者喜愛與肯定。

仙蹤神侶
「康莊紀事」讀後

王玉成

杯酒高歌驚天人
三生石上仙緣定
牽手天涯四十載
談書說畫聽雨聲
走馬讀過來時路
翩翩君子一片情

本文作者簡介：

王玉成先生，民國十八年出生於山東牟平縣，現居台北市，法學博士，曾任教於文化大學、東吳大學、輔仁大學，並擔任過司法院第一、四廳廳長，台南高分院院長等法學界重要職位。著有「倚馬天涯——一個法官的雲遊記」一書。自述：生逢亂世，少小離鄉，孤蓬萬里，寄跡海島，以古為師，以書為友，垂垂五十年，初志不稍改。唯一引以為憾復堪自豪者，殆「寧鳴而死、不默而生」，行年不惑，猶不失我魯男子之真性情也。

牽手行

續「康莊紀事」讀後

王玉成

一支筆
一張紙
一塊墨龍鳳

宛如北海飛鵬
揹起禹城渾厚赤誠
從五湖到四海
青山 遠廓 老道
小橋 歸鴉 扁舟

談笑中
都被你輕輕幾筆
點化得栩栩如生
盡收名山框底

而
那出落得無言的天嬌　也
一點　一撇
一豎　一鈎
融鄭文　猛龍　瘞鶴於一爐
蒼勁峭麗
飛龍舞鳳
起右軍神韻
出大家風範併包

轟動了　牽手走過
金陵　齊魯　北京
轟動了
新大陸　漢水　東瀛
然後
維也納的黑森林
蒙特婁大教堂
巴黎鐵塔　賽納河畔
布達佩斯多瑙河藍色的雲半天
以及鐵力士山下的盧森湖
一時都燃起大中華的漢魏風
只因那
一支筆
一張紙
一塊墨龍鳳

我們一同從患難中走出來

褚奎先

近幾年我曾非常認真的細讀了兩本書，一本是王作榮先生所寫的「壯志未酬」，另一本就是好友孫康兄的「康莊紀事」，由於我與孫康相識相交已逾半世紀，因而除了有深厚的友情，並看到他寫的這本「康莊紀事」真是文情並茂，詞句情節猶如同藍色多瑙河圓舞曲一樣的美妙，行雲流水般的順暢，而又真情流露，寫得深獲我心之外，同時也勾起了我許多往昔的回憶。

五十年前，我在南部一所醫院養病，雖然說是養病，但那時年輕氣盛，再加豪邁不羈，有病也不憂愁的樂觀本性，況且病屬慢性，身體似乎並未受到任何病疼影響，因之院內許多活動，包括為病患向院方建言，爭取患友福利，及促進院方與住院患友之間的和諧等，均熱心參與，而孫康也與我一樣，因而在許多活動場所及會議中，彼此就認識了，再加我倆同病相憐，志趣相投，理念一致，又是禹城小同鄉，因而逐漸建立了深厚的友情。

以後，我們把病養好，健康出院，孫康轉至中央機關輔導會服務，我則轉業縣市財稅行政工作，二人分別重新開啓了人生另一歷程，雖然工作性質不同，南北相距遙遠，但仍有密切聯繫，書信往來不斷，有時相約會面，更是倍為關切，相互期勉激勵。另外就是吃吃喝喝，那時我們均為單身，自然而然也對交結女友發生了興趣，而且衝勁十足，可是儘管說是衝勁十足，但我們都遵守著理性與情感並重，順其自然而發展。

在我結婚生子之後，我還曾為他介紹過一位護士小姐，為了討好護士小姐老父之好感，我和孫康特別跑到小姐家鄉台南善化拜望，有一次老先生到我家回訪，我刻意把這位老者從椅子上抱到床上促膝懇談，不單此也，還想盡辦法拜託小姐之乾媽從旁給予美言，只可惜在我全心賣力之下，倆人雖然得緣，但卻並沒有份，見了二次面，以及孫康帶著小姐到他的好友那時尚沒發跡、而現在已是麵包大王的「劉麵包」家中吃了頓餃子，以後就再沒有下文了，雖然劉先生伉儷曾熱情招待，隔了二星期又去醫院看望小姐，終於感覺和預料到這段友情在緣起之後很快就到了緣滅階段，原因出在那裡，是小姐不滿意男朋友第一次請她外出吃飯，不該帶她到朋友家去吃水餃？或是看當時劉府所租的房子又矮又小，感到日後結婚也難免如此？還是感到二人個性不合？到現在仍是一個謎。這段因緣未成及這段陳年往事，雖然當時或許感到有點「可惜和遺憾」，可是現在想想應該感到「慶幸」才對，因為孫康與定敏的姻緣，才真正稱得是美好眷屬。怪不得，孫康在「康莊紀事」的「牽手，牽手行」一篇中說：「這一位小姐不成，還有下一位，下一位仍談不攏，還有下一位，最後一位一定是更好，更美麗，更情投意合。」

孫康兄能有今天之成就，除了他天賦聰慧，不斷自我學習努力以及服務於大機關，能夠使潛力有所發揮之外，我總是覺得他早年獲得定敏青睞，與定敏結為美眷良緣，實有密不可分之關係，定敏聰慧大方，才華超人，又志趣相投，毫不保留的給予孫康精神心靈上的支助與鼓勵，俗話說：「一個成功的男人，背後一定有一位女人是推手，這個女人非母即妻。」現在想來此言誠為不虛。

我最敬佩孫康老友者有兩件事：一件是他力求精進，除了前面所說的，他多年努力自我學習之外，他還考取了國立藝術專科學校夜間部美術科就讀，那時他婚後家住在多雨的基隆，而上班在台北，工作繁忙，學校又在板橋，因此，他每天必須清晨早起、夜間晚歸，來往於三個縣市，長達四年之久，那時交通狀況又沒有今天這樣的快速順暢，其堅毅不拔、奮力上進的精神，實值可佩。

第二件事，他奉派擔任「成功之路」月刊主編長達十六年又六個月之久，該刊不只是廣大榮民袍澤的主要精神食糧，更擔負著輔導會政策的宣導、榮民事業的報導，榮民袍澤的活動及其成就之介紹，由於圖文並茂，按期出版、印刷精美，辦得有聲有色，而普遍受到榮民袍澤喜愛，並受到國內外許多團體及學校的重視，紛紛要求訂閱或贈送，尤其是最為難得的是，他雖然名義上是主編，但從集稿、編排、設計、校對乃至將稿件送印刷廠等，卻只有他一個人獨自負責，我自己也曾經有段奉派主編一份財稅月刊的慘痛經驗，只編幾期，就感到疲於奔命，力不從心而堅辭，因此，我常說孫康真有兩把刷子，一份月刊竟能主編逾十六年這麼久，不知他是怎麼熬過來的。

孫康除了兼編「成功之路」月刊，也擔任其他許多行政工作，同樣的表現優異，獲得歷任首長的器重信任與肯定，終於從最基層的職位，逐步擢升至一級主管之高位，這自然是他兢兢業業、負責認真工作的表現而所致，實在不容易。

迨限齡退休之後，而仍然退而不休，繼續閱讀、學習，並參加許多國內外藝文活動，而最令人羨慕的，是他夫妻倆人鶼鰈情深，相互唱合，經常是定敏寫書法，孫康則繪畫，同進、同出、同遊，生活過得充實美滿而自在。

我與孫康相識、相知、相交已逾半世紀，除了受到他勤勉精進之影響而亦彷效力求上進，並以四十四歲之高齡，考取台中市私立僑光商業專科學校企管科，在不影響本身工作下，朝乾夕惕，完成了三年之學業之外，平日與他一些點點滴滴的交往趣事，以及二人均從患難危急之中，還能走出自己一條康莊之路來，每每回味，心頭上一股暖流油然而生。「益者三友：友直、友諒、友多聞。」正是我們之間相互交往的真實寫照。

本文作者簡介：

褚奎先先生：民國十六年（一九二七）生，祖籍山東禹城梁莊鄉，現居住台南市。早年從軍中退役後，初服務於台北縣石碇鄉民眾服務站，後考取轉業財稅人員，分別於台南、南投、花蓮等地財稅機構，擔任股長、課長、秘書等職。

為人篤誠純正剛毅，並本飲水思源，對曾經輔導其就業之輔導會及經國先生、趙聚鈺主任委員，以及在省訓團受訓時之潘振球教育長，均永遠感激念念不忘，退休後與夫人自住，三個兒子均有家庭事業獨立生活於外，平日醉心於二胡，並勤練書法及閱讀，過得平淡、自在而寧靜，在參觀一次書展時，看到一件條幅中所寫：「心正何須持戒，行直何勞禪修；菩提本植內心，何勞四處外求。」覺得與其內心所想所感深為契合。並期盼大家開懷知足，相互共勉，因為「知足就能快樂，快樂就能健康，健康就能長壽」。

彩墨繽紛話乃康

讀《康莊紀事》想到的

李寶文

捧讀乃康新著《康莊紀事》，思緒萬千，感觸頗多，有話要說。

乃康與我同鄉、同齡、同窗、同受天命，負笈萬里。所幸未作「同是天涯淪落人」。

我們在山東省立禹城中學讀初一時已十七歲。蘆溝橋事變、日本人侵占濟南，我們時年八歲。這是極需親情呵護的年齡，而陷於遍地焦土上的父母已失去脈脈溫情；這個年齡正是長身體的時候，可我們在全民族的兵禍之中得不到正常營養；這個年齡是長知識的時候，卻遇到教育變種、文化斷層。

一九四五年日寇投降，我們已是十六歲少年。這個年齡段的人，從童年到少年是民族災難中受害最深的一個特殊群體。因之十七歲能讀上初中是非常珍惜，非常希望學有所成的。

在班上，乃康給我的最初印象是默默念書，不喜張揚，不善交遊的學生。他那時較瘦弱，像是尚未發育成熟，個子稍矮，坐位靠前，而我個頭高，坐位靠後。加上我走讀，他住校，所以兩人接觸不多。直到各班開展牆報活動，我任班報編輯，經常向同學們約稿，對乃康方有了更多的了解。當時的牆報多系文字型，太單調。全校只有高中某班辦的一份畫刊，很受歡迎，而每期的主要作畫者是「受天（乃康學名）」。他的畫種類多，內容新，水墨、水彩、炭精、漫畫無所不有。我驚奇他是怎樣無師自通的？（禹城中學當時沒有美術課）雖係習作，卻非亂塗，顯然胸中已有章法。

讀了《康莊紀事》才明白，那時他已懂得練基本功。他回憶：「對繪畫有了興趣之後，我還在星期天一個人偷偷到郊區四里山下去試著寫生，畫那裡許許多多的小房子。儘管那是晒糞便的場所，惡臭嗆鼻，我也並不在意。」（「康莊紀事」頁七九）。

乃康對繪畫藝術的追求一起步，便走上正確的道路，並持之以恆，至今未變。在教學不規範，文藝氣氛不濃的禹城中學，要在繪畫中出類拔萃，勢必要自悟、自勵，如乃康者。

一九四八年時局遽變，濟南已經失去平靜讀書的環境。我於四月七日奔赴重慶，在父親身邊上了高中。半年後乃康也登上南下的路，輾轉萬里，歷經十二個省到達彼岸。從此，音訊隔絕五十年。上個世紀最後年月，總算遇到契機得以聯繫，通訊之初我們都十分激動。乃康說：「再續前緣，得以聯絡，心情感到格外欣慰。」（「康莊紀事」頁一六三）。

我在《康莊紀事》一書中，重新認識久睽的乃康和他對人生、對藝術、對事業的執著追求。反復閱讀《變動那幾年你去了哪裡》、《漂泊歲月飽難求》等篇時，常常掩卷長思：寫回顧性文章，沒有作者的大實話，就沒有文章的真實性，也不能感染別人。乃康在回答鄉人詢問他一九四八年為何出走的時候，說：「要說我們南行有什麼憧憬，或有什麼打算，我想我們還沒有那麼偉大與成熟，不過為了躲避戰爭，繼續求學，應是大家共同的想法和目的。」：（「康莊紀事」頁一八）這是非常直白、可信的，但因時代不同，過去往往被人複雜化。

乃康出走以後的期望與失望，理想與現實有很大反差，種種苦難遭遇，都可以證明他行為的單純性。只要戰事不激烈形勢不太緊張，走到那裡他都想留下上學，好好讀書。一到南京他進入震華文學院；到貴州考入省立高級農校，在在說明乃康不想繼續流浪。乃康始終未吃皇糧，始終是普通學子。但，他背後確有一支戰神的利劍，他只能在風雨飄搖，忍飢挨餓的情況下，歷經大半個中國，最後到達台灣。

讀《康莊紀事》一些艱難的歷史回述，不禁想到楊慎（明・楊升庵）的《沛縣守風》詩：

「昨日溯流波浪慳，逆行寸步如登山；誰意順流風更惡，停帆屢向蘆浦泊。」

楊慎借行舟暗喻時局風險，個人力之不可拒，正如乃康當時境遇。

乃康憑著堅強的意志終於闖過來。夙願得償考進台北的藝專美術科。雖然生活依舊困苦（「康莊紀事」頁八二），但有名師指點，能系統學習，畫技日益精進，最後成為著名水彩畫家，作品被多家美術館和名人收藏。

乃康的藝術實踐令我佩服。他無時無刻不在潛心研究。為了提高畫藝，擴大視野，遊蹤遍及亞洲、美洲、歐洲，隨處寫生作畫，甚致冒著生命危險在懸崖絕險處寫生（「康莊」頁一九六）。我是畫盲，本無資格論畫，可我讀過他的多幅水彩畫後，還是想說，他的畫無論描繪的是農村、田野、山川、城市，表現得都那麼靜穆、諧合，天然去雕飾。我喜歡的《江之島漁港》、《屯溪漁村》等，看似客觀景物的素描，卻又擷取了動人的剎那傾間，創造了動、靜結合美的境界。讓王維的《漢江臨泛》詩來形容，會更好些：

「……江流天地外，山色有無中，郡邑浮前浦，波瀾動遠空。」

應我之請，乃康先後惠贈《紅梅圖》、《青蓮圖》兩幅彩墨畫，裝裱上牆後，引來朋友們的如潮好評，我不得不解釋：「孫先生是水彩畫家，其國畫不過是為汲取國萃技法的一種手段。」我搬出《孫康水彩畫集》佐證。至於由書法家馮定敏大嫂題字，乃康作詩畫的「青蓮圖」。評論者嘖嘖贊為：字好、畫好、詩好的「三好並蒂」之作。其詩曰：「能出淤泥而不染，紅裳翠佩美如仙，花實根葉皆奉獻，群芳譜裡一青蓮。」正巧合我夫人名：芳群（康兄事先並不知）。

乃康與我初通訊時，曾相互以詩表述長期勞燕分飛的惦念及期待重逢的願望。今錄乃康兄首贈詩曰：「一紙書來半世紀，少年情景尚依稀；爾奔西蜀我東海，何日重溫共硯時。」時居成都的我回贈乃康一詩：「君居台之北，我住蜀之西；萬里縹緲路，思君不見君。鴻雁傳書遲，皓首以爲期；今日兮何夕，辛巳秋初霽。莘莘同窗誼，綿綿無盡期；九洲大同日，滌塵去趵突。」

乃康去台半個世紀矣，鄉情、親情、友情，打成千千結，未一日稍忘。近十年多次回大陸參加學術研討會，舉辦畫展，探親訪友，瀏覽大江南北。今夏又在台聯絡多位同鄉、同學與禹城一中協議設立獎、助學金。每年資助品學兼優或家境清貧學子三十名。以回報桑梓，振興教育。

乃康愛心可鑒，乃康楷模可學，乃康朋友可交。

二〇〇四年六月　瞿塘西口奉節新城

本文作者簡介：

李寶文先生，號天牧，經濟師，一九二九年生於山東省濟南市，現居重慶市奉節縣。

抗戰伊始，由於父親參加抗日工作，遠走他鄉，八年無音訊，家庭生活陷於困境，因而十三歲小學畢業後，尚為童年即參加基層勞力工作，艱辛備嘗，直至抗戰勝利，於一九四六年始復學入省立禹城中學，一九四八年赴重慶於父親近處就讀於巴蜀高中，一九五二年參加供銷合作社工作，於山區任區社主任。一年之後，一九五三年調奉節縣供銷合作社，繼續為農村、農業、農民奉獻心力，前後逾四十年。

服務於供銷合作社期間，每有成熟感悟，即寫成論文或調查報告，計有數十篇文章發表，部份專著，曾獲三、二、一等獎。並於一九八八年被評為四川省先進工作者。

作者多年筆耕不斷，散文、新詩均多有佳作，發表於報章、詩刊，一九九九年四月為旅台同學歸來所作「回家」一詩，至情至性，尤為感人，惟由於本性誠篤質樸、自珍自謙，從不自我張揚。

讀「康莊紀事」有感

姜耀華

少年在鄉同窗
戰亂於外流亡
苦難共嘗
漂洋過海來台
友誼增強
書中紀事滄桑
夫人定敏待人寬厚
婦德無量
伉儷情深儕輩榜樣
大作皆爲乃康兄嫂
生命之輝煌

本文作者簡介：

姜耀華先生（原名東昇），民國二十年生，山東省禹城市人，現居台灣省高雄縣大樹鄉。

生於憂患，長於戰亂，一九四九年輾轉來台從事公職，篤實純正，刻苦勤儉，並於花蓮師資訓練班受教，畢業後歷任國校老師、教務主任，桃李滿天下，深受學生所愛戴。

給定敏大嫂的一封信

——兼譽《康莊紀事》

丁 諾

「鯤鵬暮日還行雨，老樹春深更著花。」

「不是一番寒徹骨，怎得梅花撲鼻香？」

你同乃康兄可謂相愛一生、奮鬥一生、拼搏一生、一對伉儷、兩個大家、一為書法、一為書畫、一南一北、一高一矮、一壯一嫩、一顰一笑、一謙一讓、一心一意、一步一趨、一買一做、一酬一酢、一觴一詠、一為香囊、一為俠骨、一為才華橫溢、一為秀外慧中，生了一男一女，乃康兄的一個腦袋，已給你修理了九六六次（按乃康兄的自我表述統計，即每半月理髮一次。）一本不是很厚的《康莊紀事》書內就出現定敏二字，竟達四十二次之多。（粗略統計）還不包括夫人、太太、內人等稱謂。真是珠聯璧合、益臻絕倫，也是妳前世積了陰德，後世燒了高香，嫁給了這樣一個好女婿、好男人、好丈夫。

大嫂：你同乃康兄已經同床共眠，相依為命，形影不離，輕扶牽手走過了四十個春秋，四十多年來，你們互敬互愛，相敬如賓「年輕時拌拌嘴是有的，也很快就會停止，但絕未大聲吵過。」這種愛的真諦也為世人所罕見，即使進入了老年，依然是奮耕（筆）不輟，「幾乎天天忙到深夜，不是在燈下共讀，就是她在寫字，我在畫畫。如遇下雨，還會去室外走廊聽雨。」自然也是經常的淺斟小酌、低吟慢侃，吐氣若蘭，淺笑盈盈，情真意篤，知書達禮，你們過的多麼舒心，你們活的多麼瀟灑，正如一位詩人所寫：「莫到老年易消沉，日涉書畫怡精神。伉儷同好時相悟，賞奇析疑共論文。」（注：筆者略有改動）

大嫂：作為乃康兄（原名孫受天，現名孫康尊稱乃康）的小弟、同鄉、同學、同桌的我，又是第一次以書信的形式表達我的心意，就不能不對你評說幾句。我這是第二次與你見面，但不同年代的諸多姿式，諸多場合的照片卻見過很多很多了。我從工作崗位上退下來以後，（一九九一年五月十五日）也曾就人生，男男女女，合格不合格，好壞標準，社會名流，平民百姓，朗朗乾坤，大千世界寫過一些東西，思考過一些問題，例如人生的一、二、三、四、五、六，做人的十大標準，做男人的責任，做女人的苦楚等（此不贅述）單就如何才算是個合格的女人，我就做過觀察研究，我的結論是在當代的合格女人，一是乾淨俐落，二是文靜大方，三是很有才華，四是很有氣質，五是教子有方，六是經濟上相對獨立。按照我的規格，權衡你，對照你，你不僅合格，而且綽綽有餘，更何況你是「一顧傾人城，再顧傾人國。」「回眸一笑百媚生，六宮粉黛無顏色。」所以乃康兄二年的苦思冥想，緊追猛攻，終於一九六五年一月三十日結婚，可謂郎才女貌天定良緣，也是乃康兄的有眼力有口福。「琴瑟和鳴音韻美，清溪遠流最怡情。」你們過的日子可謂「水清石出魚可數，林深無人鳥相呼。」「東邊日出西邊雨，道是無晴還有晴。」大嫂我祝福你們！

時間考驗人、實踐鍛煉人、交往了解人、總結提煉提高人，這是我多年的體驗，我與乃康兄相識已六十年（一九四四年同窗共讀於禹城油張院第十七聯合中學）一九四八年分手後，天各一方，經過半個世紀，至一九九八年十月二十三日才又見面交談、通訊、交流，正如他的詩作所說：「歲月悠悠五十年，泉城重逢俱歡顏，前塵往事數不盡，喜悅溫馨在心田。」

想起來很長很慢，過起來很快很短，不知不覺中我們都過了古稀之年，我小他一歲多，也已七十四歲，你小他一輪（旬）也已進入了老年行列。

山東鄉間有句俗話：叫做三歲看小，十歲看老。七十多年來乃康兄一一貫之，他為人真實、忠實、厚實、踏實，絕無浮燥欺詐，不張揚、不張狂、不漲泡

（濟南地方話，意思是說：一個人很有成就，很有權勢、很有錢財，也不忘乎所以，飛揚跋扈。）在處事上歷來是很謙虛、很謙遜、很謙恭，以禮待人，不強加於人，在生活上一直是很勤儉、很勤樸、很勤快。四十年如一日，堅持買菜、洗衣服、擦地板。不奢華不浪費、不埋怨，以平凡之心過平凡生活。在作風上品格上更是表現的很厚道、很公道、很周道、不神道、不魔道、不霸道。以理服人，所以他是台北公務員的一面旗幟，也是台灣乃至更大範圍內的劃時代的風雲人物。他不期然而然的成了台灣山東同鄉同學的聯絡人，也是我們同鄉同學當中人品上最能信得過的一位學長。我為之歡呼、為之激動、為之自豪、為之手舞足蹈。「仰天大笑出門去，我輩豈是蓬蒿人。」「看似尋常最奇崛，成如容易卻艱辛。」

定敏大嫂：乃康兄出版的著作畫集，凡贈與我的都閱過了，大開眼界，受益匪淺。今天又讀《康莊紀事》心情非常振奮，實話說：乃康兄是畫家而不是文學家，然而該書內容從頭到尾語言質樸，描述細膩，好多是取材生活景象和身邊瑣事，但立意深遠，目光遠大，胸懷開拓，思維清晰，文字簡潔，整個紀述既有清貧的書香之家的質樸無華，又有寒門子弟的自信與傲骨。很難想像經歷過這麼多風雨和劫難的人，能夠如此平靜的敘述近似傳奇的經歷，在平靜的話語中，蘊藏著巨大的力量，使我十分親切的感受到一股奔騰的潛流，在沖擊著我的心扉，甚至啓發和鼓動著我，也要寫一寫我的《人生印象》。

大嫂：我再強調的說一下《康莊紀事》一書的內容是否可以這樣概括：「翔實的歷史回顧，幽深的文化思考，逼真的時代氣息，溫馨的絲絲韻味。就是這種基調鎖住了我的視線，每打開書本就激動著一股久違了的熱力和悲壯感，似乎是我同樣也回到了那個時代，有一種情真意切，生動具象，令人振奮的感覺，給人以溫暖、以光亮、以力量，給人以舒暢的回憶往事，是一種極大的精神享受。「歲老根彌壯，陽驕葉更蔭。」我佩服、我敬仰、我為之奔告不已。

大嫂：乃康是你唯一的真命天子，他為了寫這本有思想、有品位、有分量、有趣味的著作，可以說把心靈的力量用透了、用足了、用夠了，這本書的出版發行，除了乃康兄的沉思奮筆，「內人馮定敏女士的大力支持，以及提供諸多意見，並予以校正。」是分不開的。為此我也以驚嘆而羨慕的心情，致以誠摯的謝意。

一個成功男人的背後總有一個女人在添勁、在加油，這是一個不爭的事實，你同乃康兄走過的四十年的人生路是漫長的、艱辛的，而又是溫馨的、甜蜜的、耐人回味無窮的。你們的幸福生活、你們的相親相愛是歲歲年年，而不是一朝一夕、不是心血來潮，而是永遠永遠……

「小樓一夜聽春雨，深巷明朝賣杏花。」

踏遍青山人未老，乃康這邊獨好！

小老弟丁廣慶寫於二〇〇四年六月六日

本文作者簡介：

丁諾先生，原名丁廣慶，筆名鐵木釘，一九三〇年生，山東省禹城市二十里鋪鄉丁家樓人，現居山東省濟南市。大學畢業，高級農藝師，一生從事農業技術、農業教育、農業宣傳及農業管理等工作；曾主編或作主編參編了：「農業基礎」、「棉花」、「小麥」、「植棉手冊」、「農事節氣諺語」等五本書，均由國家正式出版社出版發行，一九九一年三月退離工作崗位後，仍孜孜不懈繼續從事農業科技工作，現為山東省老年科學技術協會理事並兼該會農業專業委員會副主任，山東省農業廳關心下一代工作委員會領導成員一職。身體健康，個性開朗，服務熱心，樂觀進取，為本書作者孫康先生的同鄉及中學時期的同班同學。

「康莊紀事」引出「如煙往事」

呂定邦

「康莊紀事」引起了我的遐思，我何不也將我的這一生的喜、怒、哀、樂和坎坎坷坷許多的事蹟寫出來呢？於是我寫出我自己的「如烟往事。」

民國九十三年春返台，至友孫康兄簽名送我一本新著《康莊紀事》。我以前曾讀過他的兩本大作，而這本「康莊紀事」，更是印製精美，文情並茂，拜讀再三，愛不釋手，體會當中所述，與我這一生經歷的事物實在太貼近了。由於他的努力，現在已是詩書畫三絕的藝術大師，名揚海內外，我是望塵莫及的。尤其是他娶了一位秀外慧中，端莊賢淑的夫人馮定敏女士，他（她）們夫唱婦隨，相濡以沫，均以詩書畫著稱，堪為藝壇雙驕。他們多次旅遊或應邀到日、韓、歐美等國舉行書畫聯展，獲得世人讚賞。這一對勝似神仙的賢伉儷，互相「牽手」了數十年，我也欽敬羨慕了數十年。

正是因為這本康著，引起了我的遐思：我何不也將我這一生的喜、怒、哀、樂和坎坎坷坷的許多事蹟寫出來呢？我還特別欣賞他在「康莊紀事」當中說過的一句話：「書是寫給自己看的。」於是興起了我寫我自己這本《如烟往事》的動機，也好連接十餘年前拙作《寸草集》前後相應，自我欣賞。

我與孫康兄是締交半個世紀以上的老友，也是同病相憐的患友。我們僅差幾個月的時間，先後考取國軍退除役官兵輔導會就業考試。我在行政單位工作，他先在黃復興辦公室服務。因我倆曾是來自一個「單位」，彼此個性相投，知之甚深。他具有道道地地的魯男本色，性格豪爽，忠厚仁義，如以「傳家有道唯存厚，處世無方坦率真」的聯語諭他，應該不會錯。

孫康兄學有根基，又加自我努力，到會工作不久，即考取國立藝專美術科就讀，利用公餘進修，完成了學業，而繪畫技能也更上層樓。隨之他的散文與水彩畫等頻頻出現於雜誌報刊。他也成了中廣「松柏村」節目中的長期撰稿人。「閒話家常」、「談天說地」與「綠窗隨筆」等大著，因之相繼誕生。而他最風光一時的是主編《成功之路》畫刊。該刊雖原是輔導會對內發行刊物，可是國內外許多學術機構、團體或個人，紛紛要求訂閱。本會基於對外宣達輔導政策以及輔導事業的宗旨，均予免費供應，以響讀者，我也應邀曾為「成功之路」校對多年，也分享了這份榮譽。

嗣後他又轉任輔導會任第一處第一科（輔訓科）科長，因績效優異，不久即調升專門委員、幫辦等。斯時，我在第四處任同一職位的副處長，欣喜我們這對患難兄弟由同一起跑點出發，歷經三十多年的千米、萬米以及馬拉松的衝刺，終於在仕途的終點站緊緊的擁抱在一起。如今，我們已是髦耋之年，在夕陽的道路上，各自以詩書畫方面聊以慰藉。人緣、墨緣，我們都很相互珍惜！謹賦詩一首相贈，聊表我由衷的欣敬心意：

夫唱婦隨情意濃，雙飛比翼藝林中。
常赴中外開畫展，連理枝頭別樣紅。

本文作者簡介：

呂定邦先生：民國十五年（一九二六）生於湖北省荊州市江陵縣資市鎮，在戰亂中成長。

民國三十七年，內戰蔓延，即隨青年軍來台，接受軍事教育。陸軍官校二十四期畢業後，曾任軍中基層幹部。嗣後轉任退輔會科長、副處長等職。

愛好文藝，著有「寸草集」、「如烟往事」等書。

我的父親

孫少如

小時候上作文課，老師常常要我們寫「我的爸爸」，記得當時我寫：「我的爸爸有多高、有多重；身裁不胖也不瘦。」如今長成，經過三十多年的朝夕相處，加上讀過他寫的不少文章，包括剛出版的「康莊紀事」這本書，我想再寫一篇「我的父親」。這次除了知道他多高、多重，我更知道了他有多深、多麼厚；那就是父親的內涵，和他歷經風霜之後所焠鍊而出的豐富學養及智慧。

記憶中很小的時候，晚間早早上床睡覺，半夜睡夢中醒來，看見父親仍然埋首編輯「成功之路」或寫文章，而清晨一大早起來準備上學時，我跟哥哥仍然會吃到父親為我們所準備的早餐。時至今天，我還是時常想到父親為了家庭、為了我們子女，他總是有異於常人短短的睡眠時間，以及那驚人的精力和定力，他還能利用每一個片刻時間來補眠，而且睡得很甜、很沉、很穩，我想一定是父親為人正直、心胸坦蕩而所致。

父親似乎總有驚人的決心和毅力，對於正確的、正當的事情，他都會堅持到底，並常訓誡我們一些為人處事的道理和應守的份際，印象中我跟哥哥小時候有時偶爾挨打，多是行為上出了偏差，而不是學業成績不好，因為讀書他只要我們盡力，可是有關行為品格卻絲毫不能馬虎，對於用錢要不浪費，但也不要吝嗇，父親常説該化的錢一定要化；該節省的一定要省，像父母親一輩子都是老實和守份的公務人員，薪資有限，還能讓我和哥哥從很小就讀最好的學校並出國留學深造，開擴視野，這都是父母親堅守前面所説的原則，身體力行，言教身教的最佳證明。

父親早年由於家庭環境所不許，自小就上學不易，又因連年戰爭局勢動蕩不安，因而無法完整的求學讀書，到處流浪逃亡，吃盡了苦頭，但他熱切求學問的精神，並未因此而稍減，更不斷的自我充實、自我提昇，甚至於在我出閣嫁為人婦，回娘家時，還發現父親將我大學時代所用的國文、詩經課本拾起反覆閱讀，有時心想父親是藉著女兒所用的課本想念女兒？還是想彌補當年沒有機會上大學的遺憾呢？其實這就是父親時時讀書、處處學習的好學精神，對父親學習不悔不倦的態度，除了我自己感佩之外，有時與朋友談起，大家也都覺得不可思議與佩服，甚至於笑説我和自己爸爸的認真不懈的生活態度，實在相差太遠。

父親除了文章寫得好，我想最令我望塵莫及的是美術與繪畫，我們一家四口，哥哥得了父親遺傳的細胞，從小就展露了繪畫方面的天份，現在更是傑出的室內設計師，小時候我還常自認為跟母親是一國的，是家中沒有藝術細胞的兩個人，但母親經過與父親四十年的婚姻生活的耳濡目染，如今亦是在書法、國畫方面有很大成就，實在令我慚愧。

父親對文學及藝術方面的熱愛，在在展現在日常生活中，從我小時候捉刀替我做燈籠、勞作、畫水彩，而至他自己每每利用出差之餘暇機會，清晨其他同行之同事尚未起床，而他已完成了數幅寫生作品，以後到國外旅行或作文化交流，行囊中佔得最大位置的，永遠是畫紙、畫筆和色彩。父親有一個很好的習慣，就是外出可以隨時隨地寫生，到國外也不例外，往往會引起外國人士圍觀、讚嘆和鼓掌，這份對藝術的執著和熱愛，令生為女兒的我感到驕傲和欣喜。

父親從小就遠離家鄉，最後輾轉來到台灣，我想他對爺爺、奶奶之思念以及對家鄉之繫懷必定十分深切，也許是身為山東男子天生堅毅的個性，平時很少看到他有鄉愁之苦，但從我很小就常常聽到父親訴說爺爺的為人、開明的作風及具有與時代並進的觀念和理念。父親也常說，當年奶奶從瓦罐裡掏出一把花生給他，當他看到奶奶那又乾又綴勞苦的手，竟感動的流出了眼淚，可是奶奶並不瞭解他的內心感受，看到他流淚，還生氣罵了他：「給你花生為什麼還哭？」為了自己當時的木納，沒能向奶奶表白自己當時的心意，雖然事情已過了一甲子多，仍讓父親對奶奶的慈愛懷念不已及感到是一生的遺憾。每當我望著奶奶僅存的一張照片，不由得會想到奶奶當年是如何盼望再見到父親，就一直想哭。猶記得我年幼偶爾與母親頂撞，總是會受到父親嚴厲的制止，父親說母親對兒女付出最多，尤其媽媽心臟不好而仍全心照顧我們，哪能再容許子女無禮，想必也是父親懷念奶奶原因之一。而父親平生為人敦厚、端正和磊落的精神，也正是受爺爺、奶奶之教誨所影響，更是父親對爺爺、奶奶的最佳保證及回報。

父親服務公職長達三十六年，從一個沒有背景，沒有人事關係的臨時小職員做起，由於他的敬業樂群、服務熱忱、認真負責、表現優越，受到大家肯定，而獲得迭次升遷，並成為同事敬重的好長官。在我的印象中，父親上班穿著青年裝時的規矩嚴謹，以及對工作之尊重，及至到我從事公職，衣著有時稍有隨便，還受到他的糾正甚至於斥責。

父親退休後之生活作息，都非常正常，沒有任何不良習慣，仍然是保持著看書、繪畫、寫字、聽演講及參加書畫、詩詞班等的課程，即便是外出，必定是頭髮梳得整整齊齊，那怕是他的頭髮那麼稀少，而衣著儘管天氣炎熱，扣子也要扣到最上面一顆，展現父親在日常生活中的不馬虎、不隨便的一面。

父親對母親極為體貼照顧，但不擅甜言蜜語，一切以實際行動來表現，因母親身體不好不能提重物，因而四十多年來，父親始終擔任上菜市場買菜的工作，絲毫不覺得苦和煩，而且自己還悟出一套買菜的哲學，常與朋友們分享，只因父親心中有愛，一切甘之如飴，如今我與夫婿上市場買菜時，更能體會父親的辛勞，實在值得我們學習，更深深感謝父親對我們及家庭的付出，覺得難以回報。

父母親的相處更是我們的榜樣，他們結婚已四十年，他們不記得每年的結婚紀念日，也不過二人的生日，而仍有說不完的話，相互照顧扶持，父親曾在書中言及幾十年鄉音未改，而其實他偏好的家鄉食物又何曾轉換過呢？好在由於母親的聰巧和用心，藉由父親的轉述而揣摩家鄉的口味，做出最合父親口味的菜，而我也因母親的教導，學會了一些山東水餃及蔥油餅的技巧與做法，而每逢年節所炸的藕盒子，連我三、四歲的小姪女都愛上了，看到父母親健康快樂的生活，真是我們子女的福氣。

父親這本「康莊紀事」，不僅是他個人生命歷程的縮影，也是為人類、為時代作見證，父親這一代，有其崎嶇不平而多變的艱辛境遇，而父親這本書，以及所寫的文章更寓有勉勵青年要敦品勵學、奮鬥不懈，力求上進、不怕挫折和不畏環境惡劣，只要努力終能有成的深意，雖然沒有美麗的詞藻和大道理的說教，但卻是非常深入的實際經驗，值得大家參考和省思。

人說，家有一老如有一寶，父親依然身體硬朗、精神飽滿，思路靈活，他不僅是我們家裡最大的寶貝，亦是朋友們最好的伙伴，更是我們最佳的精神導師。最後，謹以最誠摯的心，祝願父親繪畫、寫作愉快，也祈願父親永遠身體健康，萬事順心。

本文作者簡介：

孫少如小姐為孫康先生的女兒，東吳大學政治系畢業，美國康州哈特佛大學企管研究所碩士，現服務於交通事業機構。

孫少如（右）在家中與父母親合影

神仙眷侶

「康莊紀事」讀後

袁文傑

伉儷是人不是僊
卻似神仙在人間
詩情畫意手牽手
明月清風肩併肩

本文作者簡介：

袁文傑先生，漢族，舜裔，號四若散人，時年八十有五，青少投效海軍．垂暮解甲，幼承家學，酷愛藝文翰墨，浸潤成癖，為書為文，盡性發揮，不拘章法，出手作品，坦率落筆，力求真切，展出酬庸，俱獲佳評。復因軍旅寅緣及敦睦邦誼關係，書法作品頗受美、日、菲、泰、韓等諸友邦軍事將領及政壇名流珍愛收藏，譽滿中外，近著有「四若詩緣」（三版）、「最後的燃燒」（再版），雖已皓髮餘年，耕耘不輟，足見豪情。

四舅：您是我們的榜樣

石　玲

——您彷彿是一面鏡子，讓我們看清楚了自己，更讓我們不時的檢視自己、調整自己。

四舅：自拜讀完您的「康莊紀事」這本書，深為您顛沛流離的前半生而聲淚俱下，戰亂使您尚未讀萬卷書，就得先行萬里路，背井離鄉，前途未卜，與親人一別就是四十多年，回來欲見時，卻是大部分親人已走，留下的是無限的遺憾與無奈；貧困、流亡、坎坷、病魔不但未能壓倒您，卻更豐富了您人生的閱歷，為您以後的人生道路及藝術輝煌奠定了堅實的基礎。您對藝術孜孜不息的追求，同您的年齡一樣增長，「活到老學到老」，我知道您一直堅守著這個好學不倦的精神，您多次去韓國、日本、美國旅遊及訪問並作文化交流，為了宏揚中華文化不遺餘力，您的文章樸實無華，淺顯易懂，許多故事雖小，但卻篇篇含有哲理，讀來體會到您的一片善意與愛心，感到您不只是一位長者，更像一位老師、朋友，使人感嘆的也不僅是您的藝術成就，而更是您的人格魅力，想來做人還是像您和舅媽一樣，堂堂正正，誠誠懇懇，實實在在秉性仁厚的好。

在「公職生涯說從頭」那篇短文中，您擔任的那項工作可真是不容易做，文中那位被毀容的文先生，不用見面，就會令人感到毛骨悚然，您為了不使他的心情受到影響和刺激，處處發愛心、時時為他來著想。還有您與舅母為一位窮困潦倒、處境尷尬素昧平生的先生代付飯錢，所發揮的同情心，令人感動，更難能可貴的是，還發動同鄉同學為家鄉學校的貧困和績優學生設置「故鄉情」獎、助學金，這些點點滴滴的事情，說起來不難，可是實際做起來卻非常不容易，我想您所以到處有朋友，到處為人歡迎，都是由於您的身心力行而所致。

在「越戰紀念牆」與「西貢小姐」一文中，使我們看到您的觀察細微、真知灼見，令人省思，只可惜當今人們無論看電影、看電視劇、看歌舞劇，往往被表面聲色所迷惑，而忘了它的內涵與本意，更別說記取歷史，記取教訓了，說來令人擔憂。

在日常生活中，您善於捕捉使人啓迪的一些小故事，在您早一本「綠窗隨筆」中所寫：「防備假象—不要貪圖小利」，看似容易、簡單、平凡，可是大多數人都做不到，因為「貪圖便宜」是人類與生俱來心理最弱的一環，看看當今社會，不管在哪裡，不管男性或女性，不管在國內或國外，儘管媒體或有關單位大肆宣導，而受騙事件仍層出不窮，仍會天天發生，這就是大家「貪小便宜」、「貪圖小利」之心理一直在作祟。

又如您所寫的另一篇：「當你感到煩惱時，請到醫院走走。」我自己偶爾情緒低落時，就曾試著做過幾次，效果良好，當看到許多不幸患病的人，向醫生求醫，並配合醫生的處治藥方或手術，勇敢的「我要活下去」與病魔奮戰，那麼我們身體健康的人，立刻就會感到自己是多麼的幸運和幸福了，一股感恩慶幸的心情油然而生，低落的情緒，頹喪的憂慮，迅即轉換成欣喜、振奮，不再無病呻吟，這足以說明您的人生經驗和體會，如同良藥秘方，應該載入文獻，把它歸為精神治療也是非常有其道理的。

任何事都有必然，也有偶然，人生有時是無法全按著自己的想法與意願順利而行的，人有時會受到大環境、大時代以及客觀的條件所影響的，即便是平時的外出搭乘公共汽車，或求學參加考試、就業，都不是我們單方面可以決定的，以我自己來說，由於求學時正遇到動亂年代，受到很大的影響，所以把自己的理想、希望都寄託在女兒冉冉身上，對她的教育可以說從她啓蒙教育就開始了，好在女兒也爭氣，聰明好學，每次考試都極理想，看來考上重點大學是不成問題的，但沒料到高考前非典性肺炎肆虐，折騰了一個多月，又每年高考試題雖有變化，但變化都不會太大，而老師也一再的告誡學生不要專攻難度很大的題目、偏題、怪題也考不著。可是誰也沒有想到二〇〇三年的高考試題變化特大，老師驚呆了，學生傻眼了，過後電視台專家認為是二十年來難度最大的一次，重點大學成了泡影，只考了個一般大學，我怕這件事對女兒打擊太大，承受不了，自己強忍著內心的失落，用四舅所舉趕車的故事：這一班趕不上，下一班會更好，來開導孩子，說明人生都會遇到不順心意之事，只要善於調整自己、正確的面對，走好以後的每一步，就能走上人生最重要、最美好關鍵的康莊大道，終因這些分析闡述，使女兒愉快的進入了山東惟一的「中醫藥大學」。而且對有關中醫藥多種學科，均具有濃厚強烈的學習心，並自我期許學成以後將為世人以及家人、親友盡最大之服務，使其健康，更要為中醫藥學深入研究、努力，進而發揚光大，嘉惠眾生。

在藝術方面，我不敢妄加評論，但從四舅您的「梅花圖」以及舅母所寫的書法來看，的確是畫出了風格，寫出了品味，舅母在生活上是您的伴侶，在藝術上是您的知音，書畫一體，德賢一家，我們為您高興，更為您祝福。

我確信，無論誰讀了您的書，對工作、對生活、對家庭，都會獲得啓發，由於我的文筆不夠好，只選了與我自身受益而有密切關係的幾篇，就我的所獲心得與感受很浮淺的寫出來，我自知不夠深入，但我願意向您表達，四舅，您彷彿一面鏡子，讓我們很清楚的看到自己，更讓我們不時的檢視自己及調整自己。您為我們作了一個良好榜樣，我以有您這樣一位舅舅，感到驕傲，感到欣喜。

本文作者簡介：石玲小姐為孫康先生的外甥女（二姐的女兒），一九五六年出生於禹城市石佛寺，現居肥城縣，出生後遇上三年自然災害，到了上學年齡又碰到十年動亂，文革期間上學幾乎是三天打魚，二天晒網，因而學業受到了很大影響，中學畢業後，除了參加工作，並勤加自修學習而精進，從事教育工作二十餘年，所教班級在教育系統之統考中均名列前茅，獲得許多第一名的證書，並多次被評為優秀教師，現職為小學教育高級教師。

石玲小姐與夫婿郝聖民先生及女兒冉冉於家中合影

美人巴德之來函

一九九五年秋，我在美國佛羅理達好友哲基兄嫂府上作客，十一月六日，我和定敏及哲基兄嫂應友人巴德夫婦之邀請，前往他位於風景優美、環境清幽之ANNA MARIA島上家中度假，我們在那裡曾受到巴德夫婦之熱誠招待，並乘飛船作海上遊，度過了一個非常愉快而溫馨的假期，去（二〇〇四）年將此情此景寫入「康莊紀事」之中，並將此書轉送巴德夫婦一本留念，因此巴德特別寫信給我，其原函與譯文分別如下：

親愛的孫康：今天我得有機會，觀看了你最近出版有關你的生活及旅遊方面的書。由於我的中文不好，所以我的好友GEORGE LIU非常好心的爲我作詳盡的講解，並且一頁一頁的，每一個章節、圖片及畫作，都加以說明，我確切看到您以及你夫人過著很棒而有趣的生活。

我很高興看到以前你拜訪我們時，與我們一起在ANNA MARIN島上照的相

巴德先生暨夫人閱讀「康莊紀事」之神情

片，還有乘飛船穿梭海面上的回憶，但很不幸的，再也不能像以往在這個小島悠遊了，因爲它現在完全被燥音所污染了。

我與我夫人祝願你保持有好的健康及快樂生活，並致上最衷心的問候。

巴德二〇〇四年
十月二十六日

10-26-04

DEAR KANG SUN,

TODAY I HAD THE OPPORTUNITY TO REVIEW YOUR RECENTLY PUBLISHED BOOK ON YOUR LIFE AND TRAVELS. NOT BEING FLUENT IN CHINESE, MY VERY GOOD FRIEND GEORGE LIU WAS KIND ENOUGH TO GO THROUGH THE BOOK, PAGE BY PAGE, AND EXPLAIN EACH CHAPTER, PICTURE AND PAINTING. YOU AND YOUR WIFE HAVE CERTAINLY HAD A WONDERFUL AND INTERESTING LIFE.

I WAS PLEASED TO SEE THE PICTURES TAKEN DURING YOUR VISIT WITH US ON ANNA MARIA ISLAND. THE AIRBOAT RIDE THROUGH THE MANGROVE ESTUARIES BROUGHT BACK FOND MEMORIES. UNFORTUNATELY THE RIDES HAVE BEEN DISCONTINUED BECAUSE COMPLAINTS OF NOISE.

MY WIFE AND I WISH YOU CONTINUED GOOD HEALTH, HAPPINESS, AND PROSPERITY.

KINDEST PERSONAL REGARDS,

BUD & DARLENE AUBRY

附錄二：文友評介及新聞報導

墨緣

馮延敏書

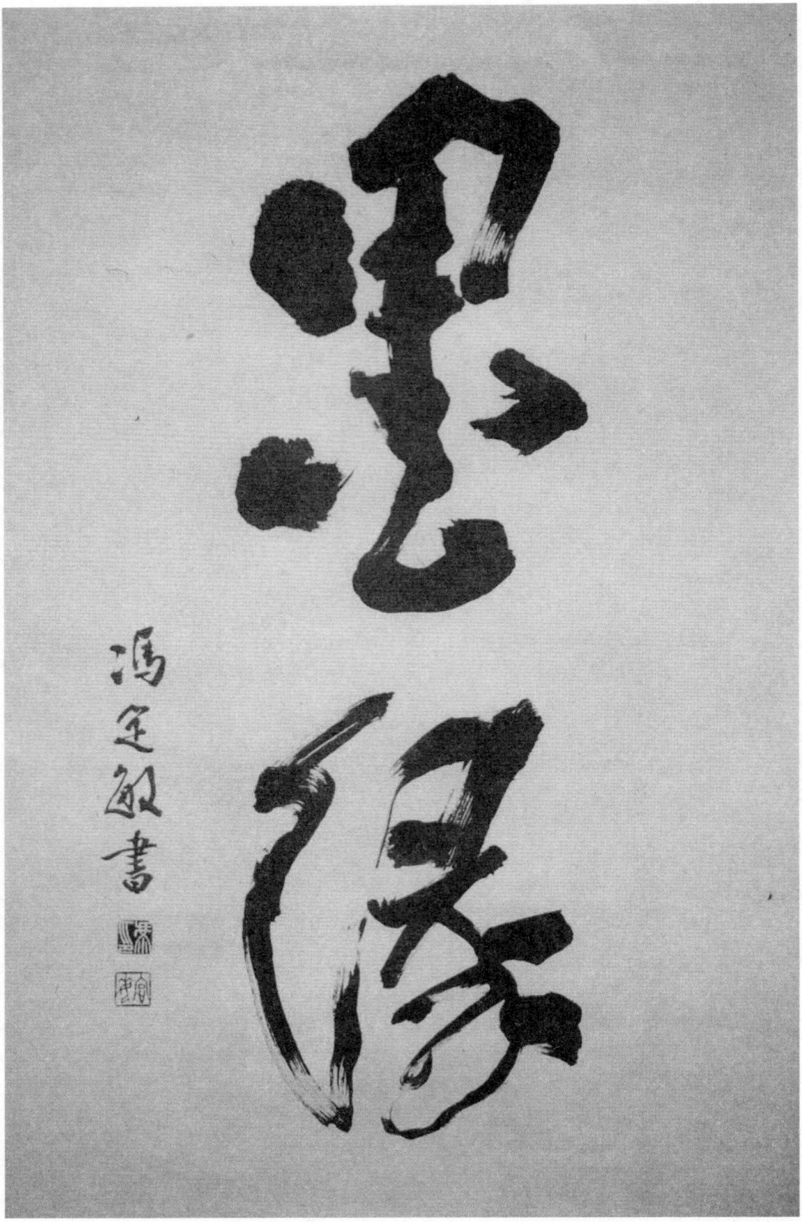

墨緣 文緣 人緣 心緣

「孫康珍藏書畫集」結集出版

李 津

最近讀到『孫康珍藏書畫集』，印刷精美，編排新穎，雖然並不太厚，卻囊括近代許多名書畫家的作品，反覆閱看，愛不釋手，而國人名書畫家之中，能將個人珍藏與自己的書畫作品綜合出版爲一集，亦屬罕見，可能還是一項創舉。

我們不能說這本畫集價值連城，但此一作法頗值得提倡。我想，許多愛好收藏的人士，盡一生之心力珍藏了中外名家書畫作品，都只是個人欣賞或滿足收藏慾，能夠公諸於世，流傳在外，實在不多，頂多選擇展覽一途，把它印出來的簡直麟毛鳳角。我們亦覺得，也許這個工作由私人來做比較困難，如能由出版商、文教團體、甚至有財力的個人、機關學校、圖書館、博物館、基金會來做，不會太困難的！

孫康夫婦這項自資編印的『孫康珍藏書畫集』，於一九九九年十二月印製，二〇〇〇年四月出版，需要的人可以郵政劃撥「〇一五一〇九三——六孫康帳户」購得，定價五百元，你就可以擁有下列名家的書畫複製印刷品了！

茲將『孫康珍藏書畫集』刊出書畫名家，錄誌如下：依刊出順序：

劉其偉　席德進　李奇茂　李轂摩　丁治磬　王王孫　吳萬谷　饒昌慜
寇培深　匡仲英　馬白水　王夢瀟　陳丹誠　孫雲生　卓韻湘　陶壽伯
梁又銘　梁中銘　孫　瑛　胡克敏　梁寒操　林中行　邵幼軒　戴華山
孫　乾　廖俊穆　張曉農　陳庭詩　葉醉白　林光灝　涂璨琳　朱玖瑩
張亮明　錢劍秋　蔡雪橋　張惟德　李君偉　吳順伊　祝　祥

在此順便提出，孫康的文章也特別好，他與這些書畫名家，都有交往的故事，值得一讀。至於他與夫人合開書畫展的情形，也頗為偶然，但竟造成轟動，也是藝壇一件盛事。

孫康，別名乃康，民國十八年生於山東省禹城縣。國立藝專美術科畢業，曾主編「成功之路」月刊近十七年之久，為中國廣播公司撰寫「閒話家常」、「談天說地」專欄十五年，擅長水彩繪畫兼寫水墨畫，並於台北市、高雄市、基隆市及山東濟南市舉行多次個展，及在美國、日本、韓國等國外多次聯展；並榮獲中央公務人員書畫展七十四年及八十四年西畫組第一名。民國八十七年五月應邀於美國舊金山「亞洲、美洲藝術學會」發表專題演講，當時美國世界日報、星島日報、金山時報及中山報等均多次大幅報導，深受藝壇及社會人士歡迎。著有「綠窗隨筆」、「談天說地」、「孫康水彩畫集」、「孫康珍藏書畫集」等。

原載「世界論壇報」　二〇〇一年二月十九日

結廬在人境　孫康

彩繪人生

新芃

民國卅八年，大陸，兵馬倥傯，顛沛流離時，水彩畫家孫康先生正值求知若渴的青春年少，在大環境的遽變下，還來不及讀萬卷書，就被迫得行萬里路，從故鄉山東倉惶起程，一路經過了江蘇、安徽、浙江、江西、湖南、廣東、廣西、貴州、雲南，最後經海南島而來到臺灣。

孫康看過山川壯麗雄偉，目睹錦繡大地自然之美，秀麗的大陸河山景色，深刻烙印在他記憶的簾幕，激發他醮起彩筆，勾勒、渲染出一幅幅水彩畫作的渴望。

其實，孫康早在山東故鄉就讀初中就喜歡畫畫，舉凡國畫、水彩畫和漫畫都曾經涉獵，校園中每半個月張貼陳列的畫報，大抵都是他的力作，青年們胸中澎湃的熱血、高瞻的憧憬盡是具象展佈在畫頁圖文間。

隨著政府播遷來臺後，孫康曾向張義雄先生學習素描，奠基更紮實的繪畫基礎，之後，他又隨馬白水教授鑽研水彩畫，受益頗豐。這時，孫康已逐漸摸索出自我的繪畫風格，儘管如此，孫康並不自滿於既有的成就，毅然投考國立藝專，接受學院正統繪畫學理的洗禮，在校期間曾經受教於李澤藩先生。

孫康的水彩畫作，大多是親炙大自然的寫生畫，寫生的時間也沒有特別偏好的時段，他說，無論晨昏、陰晴，每個景致都有不同的風貌與特色。因此，他外出旅遊寫生，展開畫紙，就能陶然入畫，捕捉蒼冥間的一隅，凝住時光流轉中的一刻。

民國五十八年，孫康先生主編「成功之路」畫刊，這份刊物是國軍退除役官兵輔導委員會所發行，主要內容是登載退伍榮民解甲後，投入社會建設的薈萃點滴。將畢生青春年華奉獻給國家的榮民們，秉持規律、嚴格、刻苦、耐勞的勤奮堅貞精神，完成了中部橫貫公路修築工程、清境農場、福壽山農場、水庫構築和桃園、彰化……等許多大工廠的營運，在在顯現出榮退官兵以龍馬精神，對國家建設所付出的光熱。孫康的畫作，曾經為這些血汗史實留下珍貴的彩繪。

此外，在退輔會的推動及孫康的努力下，廣邀國內知名畫家，觀摩榮民的工作點，舉辦「榮民業績寫生畫展」，栩栩如生的寫生，也為榮民們留下彌足珍貴的歷史。

孫康執編「成功之路」畫刊近十七年，從刊物的封面、內文、封底；內頁的圖片、文字都是經由他巧思策畫而成，在公餘之暇，他一直把畫畫當作休閒，未曾荒廢，隨著歲月流逝，智慧增長和人生體驗，孫康也常執筆撰文，抒發見地，早在民國六十八年，應中國廣播公司之邀，每個星期撰寫一篇短文雜感，在中廣頻道上播出，截至七十八年止，已播出五百多篇，由於文意結合生活，反映人生，可讀性高，很受聽眾歡迎。

這份對人生體悟的精神修養，有助於孫康在水彩畫作中，營造深邃的意境，隱現出透視空間的諧和。細細品味他的作品，除了具備西畫的光、影、具象特色外，隱隱約約可以窺視融合了國畫的意境，他作畫擅長運用局部渲染的技巧，名畫家梁中銘先生欣賞他的作品後，曾美譽說，孫康運用筆法彩畫山嵐霧氣的技巧，是國內畫家的姣姣者。

如果你用心的觀賞孫康的水彩畫，不難發現，許多題材都是寫生山、水，無論是層峰疊嶂或是遠山高聳，倒映在碧波千傾的綠波中，不禁要讚嘆他慧心獨運的技巧。

由於寫生重山、綠水和樹木花草，在畫面上看到的幾乎都是寧靜、恬淡的綠色系，而偶而透現出的繁花、屋宇、遊人，恰能畫龍點睛般引人注目。

兩年前，孫康以遠遊遲歸的心情，回到心中繫念的大陸故土，他攀爬慕儀已久的黃山，細細欣賞，實地寫生作畫；第二年，又暢遊四個歐洲國家，描繪下異國的風土人情。

孫康除了戮力於公職之外，公餘之暇忘情於彩繪人生，不但豐富了多彩多姿的生命旅程，並贏得喜好繪畫藝術朋友們鑑賞的掌聲。

原載「吾愛吾家」雜誌一五二期

民國八十年（一九九一）八月號

作者孫康（左）接受「吾愛吾家」編輯鄭坤裕先生（右）訪問

匠心獨運彩繪人生
——讀「孫康水彩畫集」

大屯書隱

孫康兄送我一冊他的新著——「孫康水彩畫集」，全稱是「孫康水彩畫集（我畫．我的話）」。這一書名，就充滿了玄機與懸疑，乍看會鬧不清其本意，會誤解他這一畫集，是畫他講過的「話」，儘管有一句點「．」在「畫」與「我」之間，一時也難捕捉其涵意，其實，他這本畫集包含兩個單元，一是他的水彩畫，一是「我的話」，此乃一專門名詞，是輯錄他為中廣公司「松柏村」節目中，「閒話家常」與「談天說地」兩個「專欄」的廣播稿，他稱之曰：「我的話」。在此之前，他曾選輯其中之八十篇編印成書，書名「綠窗隨筆」。假如把那一「．」點，解釋成「和（或『與』）」，釋文就是「我的畫和我的話」，一目了然，就不難知道該「畫集」有水彩畫，也有文稿。不過，那就不含蓄，太寫實，就沒有印象派之「朦朧美」，索然寡趣了！據康兄在其「我的繪畫過程」一文中指出，書名是他夫人馮定敏女史取的，加入「我的話」，旨在充實畫集的內涵，真乃高見。

其實，「畫集」蒐集其畫作三十幅，也不能算少，其中二十九幅是水彩，一幅是國畫。水彩都是寫生之作，他以彩筆紀錄下遊大陸、臺灣、澎湖、韓國、美國、奧地利、匈牙利、瑞士、巴黎、日本等地的風光，這些地方十之八九，我都去過，所以讀來倍感親切。前年我偕老妻有十八天歐洲之旅，「跑」了九個國家，我最愛奧地利之維也納，與瑞士之琉森，尤其琉森，皚皚的雪山、綠綠的湖泊、青青的草原、靜靜的農舍，景色美極了，同行畫家姜宗望兄曾說：「任何地方一站，都是最好的背景！」絕非虛誇。「畫集」中有一幅就是畫的琉森。我在「歐遊零縑」一文中，也曾對該地加以描繪，文字那能如繪畫傳神，特別是在康兄的彩筆之下，不僅寫其形，更能顯其神，當翻到第二十九頁「琉森湖畔」，目不轉睛，久久不能釋手。

「梅花是我的國花」，是「畫集」中唯一的一幅國畫，畫中兩株寒梅，蒼勁枝幹交纏在一起，點點紅、白花朵相映成趣，構圖、著色、用墨都頗見功力。據其自白，他近幾年，隨畫梅大師寇培深先生習書法後更習畫梅，名師出高徒，不同泛泛。寇先生我曾上書請教其習書之道，他回我一封長信，是以行書寫成，提攜後學之誠，流露在字裡行間，令人篆感。此信我已褾成一手卷，不時展讀，以為習書之指南。隨信寇先生贈我一副七言聯：「眼看世態嘆無益；書入化境喜自得。」此聯也已精褾庋藏，成為我「傳家之寶」。康兄之夫人是位書法家，該幅「梅花」即由孫夫人題款：「雙美圖　馮定敏題孫康畫　民國八十三年三月」一筆行書，流順酣暢，據知，孫夫人曾舉行過書法展，火候可知，不比我習書十多年，既不敢為內子題畫，更不敢舉行展覽，見不得人也。夫畫婦題，一唱一和，真個神仙眷侶，令人羨煞！

民國八十年七月，康兄在國立臺灣藝術教育館舉行個展，我曾應邀前去參觀，當時感覺其畫雖已成家，但仍覺缺少點什麼，是缺什麼？也說不上來。事隔三年，再讀其「畫集」，猛然省悟，三年前缺少的，是眼界，是境界。近三年康兄周遊世界名山大川，開拓了其眼界，提昇了其境界。太史公曾有言：「欲奇其文，必先奇其氣。」繪畫也是一樣。劉海粟先生曾九上黃山，故其山水有黃山奇拔險巇之勢。除遊覽外，另一養氣之方是讀書，尤其是文、史、哲方面的書。有某畫家開畫展，葉公超先生前去參觀，問他一些畫史上的問題，他瞠目結舌不知所措，葉先生責其畫家怎可不知畫史。又某畫家把王右軍誤作唐朝人，並印在畫冊上，更是笑話。欲成為畫家，必先是讀書家、學問家、思想家。畫技有限，思想無窮，在畫技成熟後，必須追求那無窮無盡的學問與思想，才能突破瓶頸，卓然成家。區區管見，未卜康兄以為然否!?

康兄今年已退休，將有更多時間遊覽與讀書，筆者堅信：果能多遊勤讀，精進不懈，三年之後定有一新面貌，不論是繪畫或寫作，且引領企盼，馨香祝禱。

原載：「台灣日報」一九九四年九月二十五日

收入：「大屯扎記」一九九七年七月一日

瑞士琉森湖畔（水彩）　孫康作

融合國畫與西洋畫的技巧意境

孫康先生談「中西繪畫之比較與融合」

葉莉莉

最近自台灣來美國的著名水彩畫家孫康先生暨夫人書法家馮定敏女士，七月六日應美洲・亞洲藝術學會之邀，在七月份的雅集中講演，並示範揮毫。孫康先生在數十名藝術家的注視下，短短的幾分鐘內完成了一幅梅花國畫和一幅村莊即景的水彩畫，他的夫人馮定敏女士書寫了「墨緣」和「松風」四個大字，給在場的藝術家們一種清新脫俗的感受。

具有很濃郁的山東鄉音的孫康先生，講述他對數十年來鑽研西洋畫和國畫的心得時，使聽眾們聚精會神的聆聽他的講演。他指出，西洋畫注重寫生，以畫實際的景物為主，無論在比例、遠近、透視、光影、色調等都有非常精細、準確的描述。在中國畫的特點，他認為國畫是文學性的，因為國畫不僅有畫，還有書法、文字、詩、印章，國畫是具有多樣性的內涵，而且是整體性的表現。而西洋畫由於畫面大多是以目視所及，因而畫的景物，其焦點統一集中，畫面表現和諧之美感。國畫具有象徵性的，譬如牡丹象徵富貴，松柏象徵長青、長壽，梅花象徵堅貞，把畫家的情感、思想都融入畫中。西洋畫由於色彩豐厚，質感表現強烈，而易使畫家與觀賞者發生情感的共鳴。

孫康先生指出，中國畫能將散於各地的景物匯集在一幅畫面上，如：「長江萬里圖」、「清明上河圖」、「黃河萬里圖」等，畫家不僅將熱愛錦繡河山的情懷表達無遺，也能顯示出高度智慧和完成自我的意識的實現。同時國畫透視採多點式的，譬如：一幅山水畫，山水景色採高視、遠視，可以山外有山，村外有村。而畫中的人物或房屋卻採用平視。國畫更注重虛實相兼的意境，不僅有畫處是畫，無畫處也是畫。這也是「以黑計白」延伸的道理，所以國畫的留白有其很重要的地位。

至於中國畫和西洋畫應如何融合和省思，致力數十年中西繪畫生涯的孫康先生認為：繪畫是人類共同的語言，彼此不應該排斥，而是要相互吸收其優點予以融合，以創造更高的意境，提昇人類精神生活。由於目前中西文化的密切交流，東方不斷的倡導國畫要現代化，西方畫派更層出不窮的創造新花樣，他仍希望要保留優良的傳統為主、為本、為根。創新要由本、由根而生，絕不是標新立異。

孫康先生認為，繪畫是畫家心靈的抒發、精神情感的流露、自我意識的表現。所以中國畫的原有特點與優點必須保留而發揚光大，從臨摹名畫、名家的範疇中跳出，採用西畫的寫生，向大自然學習，以創造自我的表達，而繪畫藝術是人類文化最寶貴的資產，也是人類不可缺的精神食糧，所以繪畫藝術的創作者，必須以愉快的心情從事，也要以嚴肅的態度面對。

孫先生雖然擅長水彩畫，更是國畫山水和梅花的高手，他的水彩畫曾兩度榮獲中央公務人員書畫展西畫組冠軍，由行政院長頒獎。他的作品為多處文化中心所收藏。他的國畫巨幅梅花，更為國父紀念館所收藏。他是國立藝專畢業的。他的畫曾參加多次的聯展和個展，是一位謙和而勤奮的藝術家。他更是一位學養兼修的作家，他曾為中國廣播公司撰寫有關人生修養的專欄長達十五年之久，他的散文曾發表於各大報章、雜誌。著有「綠窗隨筆」、「談天説地」等。

孫康先生在藝壇上有卓然的成就，因為他有一位賢淑而了解支持他的夫人馮定敏女士，夫人是一位業餘的書法家，她的作品也曾在韓國、日本等地展出，他們更有一個幸福祥和的家庭，一子一女均曾留學美國獲碩士學位，現均返台就業，他們在退休後來美作文化交流，繼續為愛好的藝術而致力，更是令人敬佩。

原載：美國舊金山「星島日報」、「金山時報」及「中山報」。

豪華落盡見眞淳

——「綠窗隨筆」序

李濚鋆

人生的問題，一向為人深切注意，並引起廣泛的探討。但人生究竟為何？我以為最主要的還是人的生活，一個人，一個家庭、社會、國家，甚至整個人類，如何健康而愉快的活著，活得有意義，有價值，這的確是一個重大的問題。

古往今來談論人生哲理的書籍太多了，由天地自然化育，生命的源始，到天道、人性、精神之不朽，靈魂的歸宿，包羅深廣，涉獵淵深，每感到未必盡切實用。誠如席勒（Nax Scheler）所稱：「徵諸人類知識的其它時期，今天的人最成為他自己的難題。我們的科學、哲學、與神學各自為政，不相溝通，因此，對於人，我們不再具有任何清晰而一貫的觀念了。從事於『人的研究』的各種科學，其數目日有增加，結果只是大大混亂了與朦朧了『人的概念』，卻談不上把他分析闡明。」所以，我們如果從由博返約，圖難於易的觀點來看，對人生的討論，應先落實到人的日常生活行為層面上，自人的食衣住行，視聽言動，應對進退中，思維反省，各自提供若干生活經驗和看法，彼此切磋為佳。

吾友山東禹城孫康兄，與我是三十年的同事和好友，我習慣稱他為「老康」，老康是一位依仁游藝，誠篤謙沖的愷悌君子，同時也是一位現代水彩畫家。他以畫筆勾勒天上人間的「美」，又以彩筆抒寫人性的「善」與「真」，他的文字真誠懇摯，樸實無華，筆下充滿對人生的至情熱愛，和對社會的無限關懷。

「一語天然萬古新，豪華落盡見真淳」，自然和純樸是藝術家努力追求的境界，也是本書的一個特色，書中大部份文字都曾在中廣公司「松柏村」節目裡播講過，所以是一部可以讀，可以看，同時也是可以聽和念的書。我不願也不宜為老友吹噓什麼，但我確信這是一冊可以進入每一個家庭書櫥，值得大眾觀覽的健康讀物，對我們生活行為，必有啓迪和思省的作用。

以我平庸的學識，本不足為友人寫序，因與老康相識之久，相知之深，義所弗辭，謹就所知為讀者告。

李瀿鋈　寧遠謹序　民國七十八年端午

閒話家常 家常閒話

——「綠窗隨筆」序

韓靜燕

從事廣播工作二十多年了，所面對的，除了麥克風、錄音機；就是廣大的聽眾與群眾，當然也經常的上山下海，訪問社會各階層的人士，包括政府首長、專家學者、醫師、病患、榮民、工人等，介紹他們的成就、經驗；以及談些大眾最為關切的課題，至於闡述、播講一些有價值的文稿，更是每天不可或缺的項目。

在與聽眾多次的接觸中，曾獲得了不少的友誼與樂趣，像聽眾朋友們的來信殷切問候、像許多榮民朋友們視我為「榮民之友」，而使我印象最為深刻的，是有一次我搭乘計程車，那位司機先生，在獲得證實我是中廣「松柏村」主持人時，竟然興奮而熱烈、毫不假思索的大聲喊出：「那妳一定是韓小姐了，我天天在收聽妳的廣播吶！」為了印證他的話，他還特別指了指他車上的收音機，加強語氣的說：「妳看我收音機的頻道，不正是中廣公司的頻道嗎？」

而最難得和使我感動的是，當車到達目的地，這位司機朋友竟然不要收我的車錢，而且還很瀟灑的説：「這是緣份，難得的，妳天天為聽眾服務，我們偶爾為妳服務一次，也是應該的。」我當時雖然未接受他這番説詞，但他的這番盛意，卻確實使我永久感到無限的欣慰與溫暖。

同樣的，在我闡述和播講一些文稿時，也使我獲益非淺，其中尤其是孫康先生所撰寫的有關剖析人生意義，和日常生活方面的「閒話家常」稿件，更是使我樂於一再向聽眾特別推荐，而且也確實獲得了聽眾不少的回響與好評，我之所以特別愛好孫先生的文章，不僅是由於他的文筆生動，內容充實，言之有物，發人省思，而最重要的是篇篇充滿了誠摯的情感與深切的關懷，就像多年老友在促膝談心，實在值得珍惜。

如今，孫康先生，將他過去幾年為「松柏村」所撰寫的稿件，選出近百篇，彙集成冊，定名為「綠窗隨筆」，並要我寫篇序文，這些文章我曾一一細讀，再加多年相交，也不敢以筆拙懇辭，因此，我除了希望他的大作早日出版送我一本留作紀念外，並將我播講他大作的經過與感受陳述於前，謹此祝賀。

中廣公司松柏村主持人　韓靜燕

民國七十八年五月

「談天說地」播後感

李若梅

五年前從韓靜燕小姐手中接下了主持「松柏村」節目的工作，當時韓姐就特別的告訴我，節目中的「談天説地」，是最受歡迎的單元，其所以受歡迎，因為它的內容生動翔實，語氣誠懇，撰稿者總是以一顆熱愛國家、關懷社會的心，把我們週遭的許許多多事物，透過敏鋭的觀察力，以及深入淺出的筆調，加以敘述與分析，使人聽了之後，既產生共鳴，又有所心領神會。的確，經過多年來，長時期的體察，正如韓姐所言，也從而使我認識了這個專欄的主筆孫康先生。

任何大眾傳播媒體，都肩負著社會工作以及社會教育的責任，無論從事社會工作或社會教育，均應該以無比的愛心，盡心盡力的幫助社會上需要幫助的人，不僅自己給予援手，而且讓整個社會都伸出援手；其次是揚善抑惡，發掘並且宣揚社會上善良的、光明的一面；這兩者説得更確切扼要一些，就是「與人為善」和「匡正人心」。孫康先生他本著愛世人的心，在「談天説地」單元中，就是在從事這些社會工作和社會教育，他一篇篇的大作，藉著中廣頻道的傳播，其所發揮的影響力，必然是既深且廣。

如果我們仔細觀察，可以發現在這個社會的每一個角落裡，都有許多默默付出，全心全意努力耕耘的人，他們無處不在，使得這個社會處處充滿著溫馨，時時洋溢著生機與希望。當然，身為社會一份子的我們，都希望這種人愈來愈多，因為這種人愈來愈多，那麼，我們的社會就會更溫馨，更有希望。想想看，當每個人都是貢獻一己之所能，凡事都為他人設想，多為他人盡力之時，這個社會怎麼還會不平安、不祥和呢！

五年來，每週均播講孫康先生的一篇大作，在此我必須說，收穫最多、獲益最大的就是我，除了對許多事物有深一層瞭解、幫助我成長之外，在做人處事方面，也學習了很多。如今，孫先生繼他的「綠窗隨筆」一書之後，再一次把「松柏村」節目中「談天說地」專欄的文稿編印成冊，我除獻上最誠摯的祝賀之意，更願意把自己這些豐富的收穫，和聽眾朋友以及這本書的讀者共同分享。

孫先生囑咐我為這本書寫一篇文章，尚在充實學習中的我，實在不敢僭越，謹以前面這些最真實的感受，以惶恐而又興奮的心情，祝賀這本書的出版。

民國八十三年五月

原載「談天說地」八十三年六月

藝海同航

——寫在「孫康水彩畫展」之前

司馬青雲

好些年以前，那時我還在軍中服役，有一次為福利社畫了兩幅對開的水彩畫，一時頗引起大家的注意。以此因緣，結識了剛從政工幹校結業的孫康兄。從而以此為共同嚮往，向藝術世界並轡而行。二十多年的時光彈指過，最近欣聞孫兄訂於七十一年十二月二十五日至卅一日在新生畫廊舉行水彩個展，我受命寫幾句話略作報導，提筆之際，回顧這些年來，我們在藝術之路上「凌空」與「踏實」交互而進的腳步，真覺得「此中甘苦最堪思」。

所謂「凌空」與「踏實」，是我以前提供孫兄相勉的兩句話：「腳踏實地，目空古今。」結果，孫兄忠實奉行了第一句話「腳踏實地」：他先後進張義雄畫室習素描，向馬白水教授學水彩，還唸完藝專的課程。多年來，他主編「成功之路」畫刊，每期都刊出藝術作品，但從未刊載過他自己的作品。他策劃了不少次大規模的展覽，邀請藝術界人士提供及發表作品，自己則置身幕後，沒有出場。今年春間，他在中央公務人員畫展中獲得大獎，但「成功之路」卻「若無其事」。從種種跡象看，他是藝術圈外的畫家，不過，他樂於惠賜一帆好風，把畫友推送向藝術圈內。

六十一年春，孫兄推薦我參加教育部文化局、公路局與輔導會三個單位主辦的「文藝界人士東西橫貫公路參觀訪問」活動，目的是要我見見「世面」。因為那次活動，參加者都是鼎鼎大名的文藝界先進，美術部門九位畫家除我之外，都是活躍畫壇的風雲人物，年前去世的席德進先生就是其中的一位。記得孫兄很技巧的向我談起，大家都説我「很少發表畫作」。這裡當然有言外之意，卻也是個相當「寫實」的。因為在此以前，我只參加過五十三年歷史博物館主辦的全國水彩畫展。「知己由來勝感恩」，為了對孫兄的雅意有所回應，稍後我分別在台北和高雄舉行了一次展覽，並出版了一本畫冊。我的另一回應方式是向孫兄持續作挑戰式的激勉，希望他凌空跨步，從幕後走向台前。因此，他這次水彩個展消息是我所樂聞的。不過，我希望這與他春間在中央公務人員畫展中獲獎之事沒有關涉。我一向認為藝術品的價值不是任何世俗獎所能涵蓋的，畫家本身最好能具備「石破天驚而不震」的修養。擺脫了世俗的污染，才能像我國傳統畫家一樣，解衣旁磚，以晶瑩的靈犀進趣藝術：「室無冷氣消溽暑，案有霜毫作畫圖，豎抹橫塗遊戲筆，任人評品說精蠹。」由此而延申為畫展，本質上是一種美的交流活動。因此，希望觀眾也以同樣的清淨心來相應對——「客來幸勿帶紅塵」。這樣，觀眾才能領悟到畫家的一番「美」意，在美的天地中相契相知。

由於孫兄過去與藝術界人士廣結善緣，加上他又是政工幹校和藝專的校友，因此他的個展普獲藝壇人士的全力相助：金石書法大家王王孫先生題字、祝祥教授為其治印、藝專美術科主任李奇茂伉儷熱心照拂、水彩畫大師馬白水教授、名作家司馬中原多方鼓勵，至於作品的評介，相信另有權威人士執筆，其所遇可謂極一時之盛。我除了寫此短文隨喜之外，建議孫兄不妨出版一本畫展小冊，集書法墨寶、各方文章、及若干展出畫作於一堂。「踏雪鴻泥、集成指印，落花水面，留住文章。」我想，這對觀眾將是一種極為珍貴的紀念品。

原載「新生報」：七十一年（一九八二）十二月二十一日

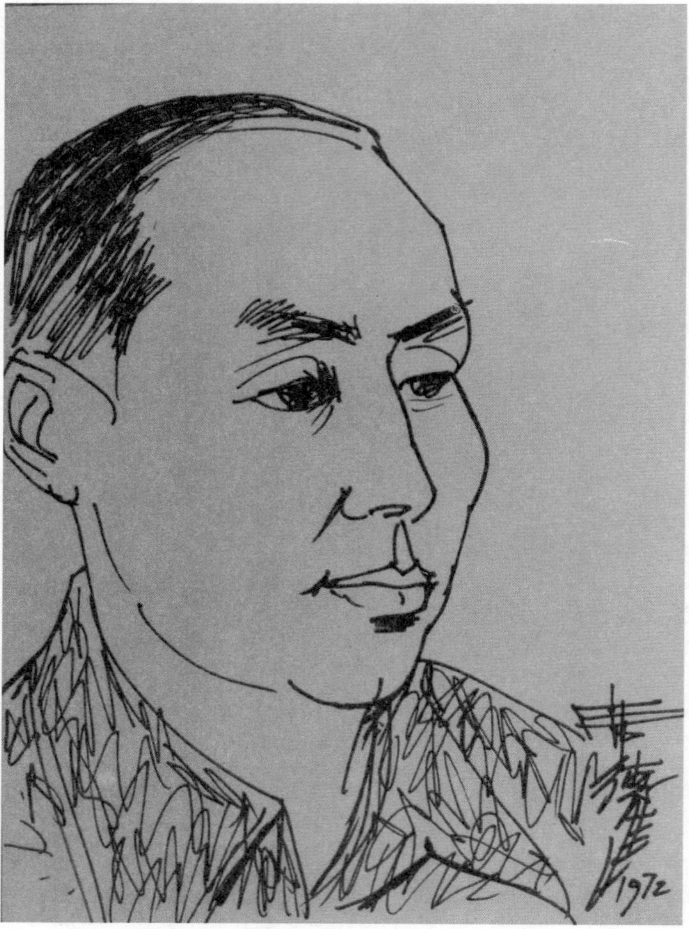

三十多年前 1972 年名畫家席德進為
孫康所作的速寫像

孫康學行首次水彩畫展

孫康的水彩畫展，定廿五日至卅一日，在新生畫廊舉行；這是他來臺後首次舉行個展，也是他為響應「退除役官兵團結自強運動」，使退役軍人不僅從事於生產、建設工作，更能致力於推展文化的一項展覽。

孫康，山東禹城人，目前任職於輔導會。他在中學時代，就喜歡水彩畫，那時繪畫的風氣沒有現在這麼普遍，但是，每逢星期假日他必定攜帶著畫具到野外寫生。

這卅多年來，由於時局的變遷，他曾跑遍大江南北，瀏覽無數的名勝古蹟；初期幾年，雖然引起了不少畫興，但是，生活的條件，並不容許他作畫，直到來臺以後，生活安定，他才進入張義雄畫室研習素描，馬白水畫室學水彩，後來又進入國立藝專修畢全期的課程。

最近，每逢星期假日，孫康就會揹著笨重的畫具到各地寫生，一筆一筆的捕捉山光雲影。

孫康的水彩畫，有西畫的結構，兼具國畫的意境，色彩明麗，這是馬白水教授特別稱讚的一點。

孫康水彩畫展 將在北市舉行

【本報訊】孫康水彩畫展定廿五日起至卅一日，在臺北市新生畫廊舉行，這是他來臺後首次舉行的個展。

孫康畢業於國立藝專美術科，目前任職於輔導會，早在中學求學時就喜歡畫水彩畫，那時他每逢星期假日必定攜帶畫具到野外寫生。卅多年來，他曾跑遍大江南北，瀏覽無數的名勝古蹟，來到臺灣後他進入張義雄畫室研習素描，馬白水畫室畫水彩，後來進入國立藝專。

自民國五十八年起，他主編「成功之路」月刊，為提高讀者藝術修養及審美的能力與情趣，他每一期介紹一位畫家和作者。近廿年來，他雖忙於公務和編務，但他並未疏忽繪畫，每到星期假日，他總是揹着笨重的畫具到各地寫生，一筆一筆的捕捉那些山光靈影。

孫康定期水彩畫展

【台北訊】孫康水彩畫展，於廿五日起至卅一日，在新生畫廊舉行，這是孫康為響應「退除役官兵團結自強運動」，表達退除役袍澤，退役後不僅從事於生產、建設工作，而且對宏揚文化不遺餘力。

孫康，山東禹城人，國立藝專美術科西畫組畢業，目前任職於輔導會，早在三十幾年前，也就是民國二十五年間，他在中學求學時代，就喜歡畫水彩畫，那時繪畫的風氣沒有現在這樣普遍，但是每逢星期假日他必攜帶着畫具到野外寫生，當時他畫的水彩畫除了經常在學校的畫廊展出外，並且曾在青年會展出，深受師長的嘉許與好評。

這三十多年來，由於時局的變遷，他曾跑遍大江南北，瀏覽無數的名勝古蹟，初期幾年，雖然引起了不少畫興，但是生活的條件，並不容許他作畫，直到來到台灣，生活趨向安定，他才進入張義雄畫室研習素描、馬白水畫室畫水彩，後來又進入國立藝專，修畢全期的課程。

孫康彩繪人生

●青陽●

服務於輔導會的孫康先生，除了戮力於公職之外，公餘之暇忘情於水彩畫作；他的作品大多親炙大自然的寫生畫，每在外出旅遊寫生，展開畫紙，即能陶然入畫，捕捉蒼冥間的一隅，凝住時光流轉中的一刻。

如果你用心觀賞孫康先生的水彩畫，不難發現，許多題材都是寫生山、水，無論是層峯疊嶂，或是遠山高聳，倒映在碧波千頃的綠波中，不禁要讚賞他慧心獨運的技巧。業餘從事寫生繪畫四十年的孫康先生，不但豐富了他個人多采多姿的生命旅程，並贏得許多喜好繪畫藝術朋友們鑑賞：他是國內運用筆法，彩畫山嵐霧氣的傑出畫家。

西畫結構 國畫意境

△孫康水彩畫展正在新生畫廊舉行，將展至卅一日。

孫康山東禹城人，國立藝專美術科西畫組畢業，早在三十多年前，他在中學求學時代，就喜歡水彩畫，來台後曾先後入張義雄畫室研習素描，隨馬白水畫水彩。

孫康的水彩畫，有西畫的結構，也兼有國畫的意境，畫面色彩明麗、筆墨淋漓，他認爲繪畫貴在自然、流暢，因爲它是表達人類情感的方式之一。

民生報
中華民國七十一年十二月二十八日

水彩畫家孫康 展出寫生畫作

【臺北訊】擅畫水彩畫的孫康，即日起在黎明藝文中心展出畫作。

大凡繪畫，都有派別。以師承而至門戶，頗有開山立寨的意味。就水彩而言，王祿松、金哲夫及孫康皆有所成。

孫康這次畫展的主題，爲美國之旅寫生畫。他用不透明水彩作畫，頗具油畫的味道，渲染也獨見功力。

孫康的畫不拘泥於院派，自有那種野的可愛。隨意揮毫，如獨行俠，一勾一勒之間，都極爲活潑，且繁中求簡、亂中見整、拙中寓巧，屬於妍而不甜的那種風格。

這種胸懷結曲的作品，沒有學院式的規範而形成一個僵化的外殼，畫家席德進便極爲推崇這種畫風，反對藝術走入象牙塔。就像素人畫的天眞無邪；也像民間藝術

中華民國七十七年九月十六日
台灣新生報
第十四版

Watercolorist paints American landscapes

Artists turn to different sources of inspiration in creating art. American landscapes have inspired local watercolorist Sun Kang to paint artistic impressions.

Sun will put his latest creative output on display from today until Sept. 23 at Li Ming Art and Culture Center in Taipei. The 50 watercolor paintings have been the outcome of his visit to the United States in May and June.

During his two-month trip, Sun visited the fine arts museums in Washington, New York and San Diego. His travels also took him to Princeton University, Harvard University and Massachusetts Institute of Technology.

As he traveled, Sun sketched and recorded glimpses of Disneyland, the Capitol Hill and the verdant American countryside full of parks and lakes.

The journalism graduate from the Fu Hsing Kang College held a one-man show at the Hsin Sheng Gallery in 1982. Sun's work once won first place in the western painting category of a contest held in connection with the National Government Employees' Painting and Calligraphy Exhibition.

The Li Ming Art and Culture Center is located at 3 Hsinyi Road, Sec. 1. For more information, call 391-1079.

英文中國郵報
Fax: (02) 595-7962 Telex: 24059 POSTNET Taipei
SEPTEMBER 17, 1988 NT$12 PER COPY

孫康「美國之旅」寫生作品展

【台北訊】水彩畫家孫康「美國之旅」專題個展明日起至廿三日在台北信義路黎明藝文中心展出七天。

中華民國七十七年九月十六日
大華晚報 第6版

世界日報

全球最大中文報系，發行量灣區第一、加州第一、全美第一

正派辦報、誠信可靠、新聞快捷、言論公正、廣告效宏

World Journal (Daily News)

NO. 7306 ISSN 0747-5071

出版者及承印者：世界日報社

社址：231 ADRIAN ROAD MILLBRAE, CA 94030

電話總機：(415)692-9936(10線)

傳真：編輯部 (415)692-9961 業務部(415)692-8665

工商部 (415)692-5843 圖書部(415)692-7414

世界日報

中華民國八十六年七月七日 星期一

孫康馮定敏 來美揮毫示範

【記者戴銘康舊金山報導】來自台北著名的書畫家孫康和夫人馮定敏六日下午，應邀在美洲亞洲藝術學會舉辦的雅集上揮毫示範。馮定敏首先書寫「松柏」，孫康則畫水墨畫「紅梅」，又畫西洋水彩，並講述他繪畫的心得，兩人多才多藝的示範受到與會人士的好評。

美洲亞洲藝術學會一月一次的雅集已經成為灣區推展中華文化藝術重要陣地，吸引來自灣區各地的兩岸三地旅美藝術家參加。

藝術學會會長郭儀表示，學會的雅集已經成為灣區的一個藝術盛會，所有應邀到學會揮毫的藝家都有一定的成就，他們的示範對藝術交流和中華文化傳播起到很好的推動作用。

孫康早年畢業於國立台灣藝專，從事藝術創作數十年，曾舉辦多次個展，並參加國內國際有影響的聯展。

他擅長畫西洋水彩畫，作品色彩豐厚，用筆豪放，富有中國水墨畫的意趣。曾兩次榮獲中華民國中央公務員書畫展西畫組第一名，作品為多處文化中心收藏。

孫康還擅長畫國畫，他的巨幅紅梅為台北國父紀念館收藏。他的傳記和書畫作品多次刊載在台灣的全國美術年鑑及多種畫集中。他的散文常在各大報刊上發表，著有「綠窗隨筆」、「談天說地」、「孫康水彩畫集」等書。孫夫人馮定敏是台灣知名書法家，曾赴日本、韓國等地示範書法，作品多次獲獎。

◆美洲亞洲藝術學會的雅集每次都吸引數十位至上百位藝術家參加。孫康（持「紅梅」圖者右）在會上揮毫畫一幅「紅梅」，馮定敏（持「紅梅」圖者左，女）也在會上揮毫書寫。（記者戴銘康攝）

Chinese Times
(USPS 105-960)
(ISSN 0746-5432)
THE ONLY CHINESE DAILY OWNED, EDITED AND PUBLISHED BY CITIZENS OF THE UNITED STATES
686 SACRAMENTO STREET
SAN FRANCISCO, CALIF. 94111

金山時報

July 22, 1997 B2

融合國畫與西洋畫技巧意境

孫康談中西繪畫之比較與融合

（金山社專訪）最近自台灣移民來美國的著名水彩畫家孫康先生暨夫人書法家馮定敏女士，七月六日應美洲亞洲藝術學會之邀，在七月份的雅集中講演，並示範揮毫。孫康先生在數十名藝術家的注視下，短短的幾分鐘內完成了一幅梅花國畫和一幅村莊即景的水彩畫，他的夫人馮定敏女士書寫了「墨緣」和「松風」四個大字，給在場的藝術家們一種清新脫俗的感受。

具有很濃郁的山東鄉音的孫康先生，講述他對數十年來鑽研西洋畫和國畫的心得時，使聽眾們聚精會神的聆聽他的講演。他指出，西洋畫注重寫生，以畫實際的景物爲主，無論在比例、遠近、透視、光影、色調等都有非常精細、準確的描述。在中國畫的特點，他認爲國畫是文學性的，因爲國畫不僅有畫，還有書法、文字、詩、印章，國畫是具有多樣性的內涵。而且是整體性的表現。而西洋畫由於畫面大多是以目視所及，因而畫的景物，其焦點統一集中，畫面表現和諧之美感。國畫具有象徵性的，譬如牡丹象徵富貴，松柏象徵長青、長壽，梅花象徵堅貞，把畫家的情感、思想都融入畫中。西洋畫由於色彩豐厚，質感表現強烈，而易使畫家與觀賞者發生情感的共鳴。

孫康先生指出，中國畫能將散於各地的景物匯集在一幅畫面上，如：「長江萬里圖」、「清明上河圖」、「黃河萬里圖」等，畫家不僅將熱愛錦繡山河的情懷表達無遺，也能顯示出高度智慧和完成自我意識的實現。同時國畫透視採多點式的，譬如：一幅山水畫，山水景色採高視、遠視，可以山外有山，村外有村。畫中的人物或房屋卻採用平視。國畫更注重虛實相兼的意境，不僅有畫處是畫，無畫處也是畫。這也是「以黑計白」或「以白計黑」的道理，所以國畫的留白有其很重要的地位。

至於中國畫和西洋畫應如何融合和醒思，致力數十年中西繪畫生涯的孫康先生認爲；繪畫是人類共同的語言，彼此不應該排斥，而是要相互吸收其優點予以融合，以創造更高的意境，提昇人類的精神生活。由於目前中西文化的密切交流，東方不斷的倡導國畫要現代化，西方畫派更層出不窮的創造新花樣，他仍希望要保留優良的傳統爲主、爲本、爲根。創新要由本、由根而生，絕不是標新立異。

孫康先生認爲，繪畫是畫家心靈的抒發、精神情感的流露，自我意識的表現。所以中國畫的原有特點與優點必須保留而發揚光大，從臨摩名畫、名家的範疇中跳出，採用西畫的寫生，向大自然學習，以創造出自我的表達，而繪畫藝術是人類文化最實貴的資產，也是人類不可缺的精神食糧，所以繪畫藝術的創作者，必須以愉快的心情從事，也要以嚴肅的態度面對。

孫先生雖然擅長水彩畫，更是國畫山水和梅花的高手，他的水彩畫曾兩度榮獲中央公務人員書畫展西畫組冠軍，由行政院長頒獎。他的作品爲多處文化中心所收藏。他的國畫巨幅梅花，更爲國父紀念館所收藏。他是國立藝專畢業的。他的畫曾參加多次的聯展和個展，是一位謙和而勤奮的藝術家。他更是一位學養兼修的作家，他曾爲中國廣播公司撰寫有關人生修養的專欄長達十五年之久，他的散文曾發表於各大報章、雜誌。著有「綠窗隨筆」、「談天說地」及「孫康水彩畫集」等。

孫康先生在藝壇上有卓然的成就，因爲他有一位賢淑而了解支持他的夫人馮定敏女士，夫人是一位業餘的書法家，她的作品也曾在韓國、日本等地展出，他們更有一個幸福祥和的家庭，一子一女均曾留學美國獲碩士學位，現均返台就業，他們在退休後來美定居，繼續爲愛好的藝術而致力，更是令人敬佩。

名畫家孫康先生（右）亞洲藝術學會七月份雅集中講演時神情，中爲其夫人馮定敏女士，左爲亞洲藝術學會會長郭儀。（葉莉莉攝）

1997年7月9日(丁丑年六月初五) 星期三

美洲亞洲藝術學會藝文雅集
著名畫家孫康伉儷揮毫示範

（三藩市訊）美洲亞洲藝術學會與亞洲藝術學院，爲倡導藝文活動，傳播中華文化，經常舉辦展覽觀摩雅集等活動，七月份藝文雅集，已於七月六日（星期日）下午二時，在三藩市華埠都板街七三八號二樓該會舉行，當日邀請了來自台北的著名畫家孫康先生，講述中、西繪畫之比較與心得，並當衆作畫示範。孫先生的夫人馮定敏女士，也是台灣知名的書法家，曾赴日本、韓國等地表演書法，作品並多次獲獎，當日在雅集中揮毫，此次雅集是灣區藝壇一場盛會，各界人士前往觀摩欣賞者衆。

孫康先生，早年畢業於國立台灣藝專，從事藝術創作數十年，潛心鑽研，努力不懈，曾舉辦多次個展及參加國內外聯展，他擅長西洋水彩畫，作品色彩豐厚，用筆毫放，富有中國水墨畫的意趣。曾兩次榮獲中央公務人員書畫展西畫組第一名，作品爲多處文化中心所收藏。

孫先生除了擅長西洋水彩畫外，也精於中國畫，他能擷取中西繪畫技藝之長，形成自我風貌，尤以畫梅最爲著名，他的巨幅紅梅爲台北國父紀念館所收藏，並選刊於該館大型典藏畫集之內，是一位非常傑出的全能畫家。

孫先生的經歷和書畫作品，多次登載於全國美術年鑑及『書畫博覽』多種畫集之中，他還曾主編『成功之路』畫刊多年，也常寫散文發表於各大報章雜誌，並曾爲中國廣播公司撰寫有關人生修養的專欄長達十五年之久，著有『綠窗隨筆』、『談天說地』及『孫康水彩畫集』等著作，他爲人誠摯熱情，謙和敦厚，人品和畫品都受到推崇和肯定。

灣區銷量第一 北美銷量冠軍

星島日報

立論公正中肯 廣告效力最大

10578

著名水彩畫家孫康暨夫人(書法家)馮定敏，於七月六日在亞洲藝術學會雅集示中西畫的異同"與該會藝術界人士合影。該會會長郭儀(左八)主持。 (沙龍攝)

中華民國八十六年七月三十一日　星期四　中山報 SUN YAT-SEN NEWS　July 31, 1997　16

僑社人物誌

融合國畫與西洋畫的技巧意境

著名水彩畫家孫康先生談中西繪畫之比較與融合

孫康伉儷在聖荷西文化公園孔子塑像前留影。

（金山社專訪）最近自台灣移民來美國的著名水彩畫家孫康先生暨夫人書法家馮定敏女士，七月六日應美洲亞洲藝術學會之邀，在七月份的雅集中講演，並示範揮毫。孫康先生在數十名藝術家的注視下，短短的幾分鐘內完成了一幅梅花國畫和一幅村莊即景的水彩畫，他的夫人馮定敏女士書寫了「墨緣」和「松風」四個大字，給在場的藝術家們一種清新脫俗的感受。

具有很濃郁的山東鄉音的孫康先生，講述他對數十年來鑽研西洋畫和國畫的心得時，使聽眾們聚精會神的聆聽他的講演。他指出，西洋畫注重寫生，以畫實際的景物為主，無論在比例、遠近、透視、光影、色調等都有非常精細、準確的描述。在中國畫的特點，他認為國畫是文學性的，因為國畫不僅有畫，還有書法、文字、詩、印章，國畫是具有多樣性的內涵。而且是整体性的表現。而西洋畫由於畫面大多是以目視所及，因而畫的景物，其焦點統一集中，畫面表現和諧之美感。國畫具有象徵性的，譬如牡丹象徵富貴，松柏象徵長青、長壽，梅花象徵堅貞，把畫家的情感、思想都融入畫中。西洋畫由於色彩豐厚，質感表現強烈，而易使畫家與觀賞者發生情感的共鳴。

孫康先生指出，中國畫能將散於各地的景物匯集在一幅畫面上，如：「長江萬里圖」、「清明上河圖」、「黃河萬里圖」等，畫家不僅將熱愛錦繡山河的情懷表達無遺，也能顯示出高度智慧和完成自我意識的實現。同時國畫透視採多點式的，譬如：一幅山水畫，山水景色採高視、遠視，可以山外有山，村外有村。而畫中的人物或房屋卻採用平視。國畫更注重虛實相兼的意境，不僅有畫處是畫，無畫處也是畫。這也是「以黑計白」或「以白計黑」的道理，所以國畫的留白有其很重要的地位。

至於中國畫和西洋畫應如何融合和醒思，致力數十年中西繪畫生涯的孫康先生認為：繪畫是人類共同的語言，彼此不應該排斥，而是要相互吸收其優點予以融合，以創造更高的意境，提昇人類的精神生活。由於目前中西文化的密切交流，東方不斷的倡導國畫要現代化，西方畫派更層出不窮的創造新花樣，他仍希望要保留優良的傳統為主、為本、為根。創新要由本、由根而生，絕不是標新立異。

孫康先生認為，繪畫是畫家心靈的抒發、精神情感的流露，自我意識的表現。所以中國畫的原有特點與優點必須保留而發揚光大，從臨摩名畫、名家的範疇中跳出，採用西畫的寫生，向大自然學習，以創造出自我的表達，而繪畫藝術是人類文化最寶貴的資產，也是人類不可缺的精神食糧，所以繪畫藝術的創作者，必須以愉快的心情從事，也要以嚴肅的態度面對。

孫先生雖然擅長水彩畫，更是國畫山水和梅花的高手，他的水彩畫曾兩度榮獲中央公務人員書畫展西畫組冠軍，由行政院長頒獎。他的作品為多處文化中心所收藏。他的國畫巨幅梅花，更為國父紀念館所收藏。他是國立藝專畢業的。他的畫曾參加多次的聯展和個展，是一位謙和而勤奮的藝術家。他更是一位學養兼修的作家，他曾為中國廣播公司撰寫有關人生修養的專欄長達十五年之久，他的散文曾發表於各大報章、雜誌。著有「綠窗隨筆」、「談天說地」及「孫康水彩畫集」等。

孫康先生在藝壇上有卓然的成就，因為他有一位賢淑而了解支持他的夫人馮定敏女士，夫人是一位業餘的書法家，她的作品也曾在韓國、日本等地展出，他們更有一個幸福祥和的家庭，一子一女均曾留學美國獲碩士學位，現均返台就業，他們在退休後來美定居，繼續為愛好的藝術而致力，更是令人敬佩。

（葉莉莉）

水彩畫家孫康(右)在亞洲藝術學會雅集中演講，左為該會會長郭儀，中為其夫人馮定敏女士。

葉莉莉攝

中國時報　中華民國八十八年三月十一日／星期四

人與事

書畫傳情　孫康 馮定敏 夫唱婦隨

簡麗春

孫康（右）、馮定敏夫婦舉辦書畫聯展。（簡麗春攝）

現年七十歲的孫康，大半歲月和書畫為伍，年輕時代，走過大江南北，多少壯麗雄偉山川，深烙在記憶的簾幕裡，畫作時有異地風光，也有獨特飄逸感，一路相伴的太太馮定敏，也有佳作，夫婦二人正在文化中心聯展。

具有很濃郁山東鄉音的孫康，早年畢業於國立藝專美術科，他雖擅長水彩畫，更是國畫山水和梅花的高手，一路認真繪畫生涯中，以公務員階段，最獲充分發揮。尤其是公出各地或外出旅行時，他總不忘即興、隨緣作畫，揮灑一番，往往捕捉到的意想不到的效果，其間充滿了無窮樂趣。

他曾舉辦多次個展，參加國內外數十次聯展，並曾兩次獲得中央公務人員書畫西畫組冠軍，作品多為文化中心所收藏，國父紀念館所收藏的一幅巨幅梅花，就是出自他的傑作。

孫康不僅是一位謙和而勤奮的藝術家，更是一位學養兼修的作家，他為中廣撰寫有關人生修養的專欄長達十五年之久，著有「綠窗隨筆」、「談天說地」、「孫康水彩畫」等書。

孫康藝壇上有不凡成就，一路走來並不孤單，他的太太馮定敏，既了解他又支持他，兩人相扶相攜，共同擁有的繪畫興趣，是他們精神和生活重心。

此次夫婦兩人在文化中心舉辦書畫聯展，展出水墨山水、花卉、各體書法及水彩百餘件，都是兩人多年得意作品，也是世界各地寫生作品，至為精彩。

聯合報　基隆市新聞 18　中華民國八十八年三月二日　星期二

文化中心兩項聯展有看頭

【記者阮南輝／基隆報導】基隆市立文化中心今天起有兩項藝文展出，退休美術教授孫康首次與妻子馮定敏舉辦夫妻書畫聯展，展出地點在三樓藝廊，此外，基隆市墨研書畫會，也在第三、四陳列室，舉辦書法篆刻聯展，歡迎書畫同好前往參觀。

七十歲的退休美術教授孫康，從事藝術創作及教學數十年，曾辦過多次個展及參加國內外聯展，深受好評，擅長水彩畫，也精於國畫，並以畫梅最著名，他的巨幅「紅梅」作品，由國父紀念館收藏。

孫康的妻子馮定敏是基隆女中畢業生，並在基隆工作廿多年，幾年前退休後，在丈夫的鼓勵下，練習書法，作品曾送到日本、韓國參展。

墨研書畫會在文化中心第三、四陳列室的書法篆刻聯展，由海事文教基金會提供協助，共展出一百多幅作品，書畫會副會長蔡美枝表示，五十多名成員來自各行各業，並以服務教職居多，都是師承楊作福老先生，彼此熱愛書畫創作而成立書畫會，十二年來不定期舉行聯展，頗受好評，由於作品多樣化，很有看頭，展期到三月七日，三日下午二時卅分在展出場地有展出茶會，歡迎市民共襄盛舉。

孫康、馮定敏夫妻書畫聯展今天起在文化中心三樓藝廊展出。記者阮南輝／攝影

台灣新生報

中華民國七十一年十二月二十三日 星期四

新生畫廊

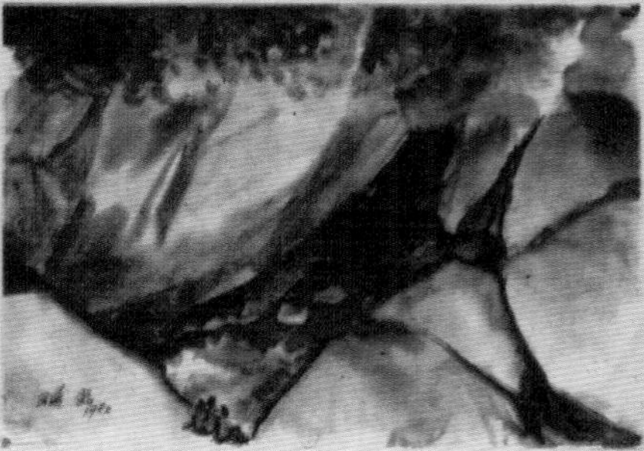

寫在孫康水彩個展之前

藝海同航

●司馬青雲

好些年以前，那時我還在軍中服役，有一次爲福利社畫了一幅對開水彩，一時頗引起大家的注意。以此因緣，結識了剛從政工幹校結業的孫康兄。從而以此爲共同嚮往，向藝術世界並轡而行。二十多年的時光彈指過，最近欣聞孫兄訂於七十一年十二月二十五日至卅一日在新生畫廊舉行水彩個展，我受命寫幾句話略作報導，提筆之際，回顧這些年來我們在藝術之路上「凌空」與「踏實」交互而進的脚步，眞覺得「此中甘苦最堪思」。

所謂「凌空」與「踏實」，是我以前提供孫兄相勉的兩句話：「脚踏實地，目空古今」。結果，孫兄忠實奉行了第一句話「脚踏實地」：他先後進張義雄畫室習素描，向馬白水教授學水彩，還唸完藝專的課程。多年來，他主編成功之路畫刋，每期都刋出藝術作品，但從未刋載過他自己的作品。他策劃了不少次大規模的展覽，邀請藝術界人士提供及發表作品，自己則置身幕後，沒有出場。今年春間，他在中央公務人員畫展中獲得大獎，但成功之路卻「若無其事」。從種種跡象看，他是藝術圈外的畫家，不過，他樂於惠賜一帆好風，把畫友推送向藝術圈內。

六十一年春，孫兄推薦我參加教育部文化局主辦的「文藝界人士東西橫貫公路參觀訪問」活動，目的是要我見見「世面」。因爲那次活動，參加者都是鼎鼎大名的文藝界先進，美術部門九位畫家除我之外，都是活躍畫壇的風雲人物，一年前去世的席德進先生就是其中的一位。記得孫兄很技巧的向我談起，大家都說我「很少發表畫作」。這裡當然有言外之意，卻也是個相當「寫實」的。因爲在此以前，我只參加過五十三年歷史博物館主辦的全國水彩畫展。「知己由來勝感恩」，爲了對孫兄的雅意有所廻應，稍後我分別在台北和高雄舉行了一次展覽，並出版了一本畫册。我的另一廻應方式是向孫兄持續作挑戰式的激勉，希望他凌空跨步，從幕後走向台前。因此，他這次水彩個展消息是我所樂聞的。不過，我希望這與他春間在中央公務人員畫展中獲獎之事沒有關涉。我一向認爲藝術品的價值不是任何世俗獎所能涵蓋的，畫家本身最好能具備「石破天驚而不震」的修養。擺脫了世俗的汚染，才能像我國傳統畫家一樣，解衣旁礴，以晶瑩的靈犀進趣藝術：「室無冷氣消溽暑，案有霜毫作畫圖，豎抹橫塗遊戲筆，任人評品說精麤。」由此而延申爲畫展，本質上是一種美的交流活動。因此，希望觀衆也以同樣的淸淨心來相應對—「客來幸勿帶紅塵」。這樣，觀衆才能領悟到畫家的一番「美」意，在美的天地中相契相知。

由於孫兄過去與藝術界人士廣結善緣，加上他又是政工幹校和藝專的校友，因此他的個展普獲藝壇人士的全力相助：金石書法大家王王孫先生題字、祝祥教授爲其治印、藝專美術科主任李奇茂伉儷熱心照拂、水彩畫大師馬白水教授、名作家司馬中原多方鼓勵，至於作品的評介相信另有權威人士執筆，其所遇可謂極一時之盛。我除了寫此短文隨喜之外，建議孫兄不妨出版一本畫展小册，集書法墨寶、各方文章、及若干展出畫作於一堂。「踏雪鴻泥、集成指印，落花水面，留住文章」。我想，這對觀衆將是一種極爲珍貴的紀念品。

「吾愛吾家」八十八年八月號
第一五二期

孫康除了戮力於公職之外，公餘之暇忘情於彩繪人生，不但豐富了多采多姿的生命旅程，並贏得喜好繪畫藝術朋友們鑑賞的掌聲。

孫康先生水彩畫展

水彩畫家孫康，定於七月十三日至廿二日，假本館畫廊，舉行水彩個展，展出歐洲系列及黃山系列作品五十餘幅。

孫先生雖然目前尚擔任公職，公務亦極繁忙，但自從國民七十一年假新生畫廊舉行第一次個展之後，近十年來，即充分利用公餘之暇，努力不懈，潛心創作。為着擴展空間，捕捉和吸取大自然之豐沛神韻，曾不計寒暑，多次訪遊世界各地名勝古跡以及山林鄉野，並實地寫生。其作品除於台北、高雄舉行個展及國內外聯展之外，還曾兩次獲得中央公務人員畫展西畫組第一名。

孫康先生水彩畫之最大特色，是色彩豐富而不艷俗、明亮而不單薄、厚重而不滯泥，整個畫面洋溢着安定、祥和而富生趣，其意境尤為深遠。歡迎各界人士屆時前往欣賞。

▲孫康先生水彩作品

▲孫康先生水彩作品

藝術教育 46 期 1991.7.5
國立台灣教育教育館

青年日報

中華民國七十七年九月十五日

孫康美國之旅
作畫心得展出

【本報訊】水彩畫家孫康「美國之旅」專題個展十七日起在臺北信義路黎明藝文中心展出七天，歡迎各界人士觀賞。

孫康這次所展出的作品，是他去年應美國僑社邀請訪問兩個月所完成的寫生作品，在訪美期間他從東部到西部遍走美國三十八個大小城市，美國境內的高樓大廈、湖光山色、鄉野庭園等美景，盡入畫紙。其作品色彩豐美、結構嚴謹，畫風雖屬西式，但意境卻極樸實渾厚。

他的作品，除先後應邀在美、日、韓、泰等國展出外，並曾榮獲全國公務人員書畫展西畫組首獎。

孫康的作品色彩豐美結構嚴謹。

臺灣日報

孫康
美國之旅個展

▼孫康的作品之一。

中華民國七十七年九月十七日 星期六

▲孫康「美國之旅」的寫生作品，色彩豐美，畫風雖屬西式，意境却極樸實渾厚。

赴美寫生兩個月
孫康有新作展出

【臺北訊】水彩畫家孫康「美國之旅」專題個展，十七日起在臺北信義路黎明藝文中心展出七天。

孫康這次所展出作品，是他去年應美國僑社邀請訪問兩個月所完成的寫生。在訪美期間，他從東部到西部，遍走三十八個大小城市，美國境內的高樓大廈、湖光山色、鄉野庭園等美景，盡入畫紙。其作品色彩豐美、結構嚴謹，畫風雖屬西式，意境却極樸實渾厚。

孫康的作品，除先後應邀在美、日、韓、泰等國展出外，並獲全國公務人員書畫展西畫組首獎。

中央日報